LA FUENTE

DEL

IDIOMA ESPAÑOL

PARIS. — TIP. GARNIER HERMANOS, 6, RUE DES SAINTS-PÈRES

LA FUENTE

DEL

IDIOMA ESPAÑOL

ó

FORMACIÓN DE MÁS DE 7.000 VOCABLOS CASTELLANOS,
DERIVADOS DE 90 RAÍCES TOMADAS DEL SÁNSCRITO, DEL GRIEGO
Y DEL LATÍN, CON EXPRESIÓN ETIMOLÓGICA Y FILOSÓFICA
DEL DESARROLLO NATURAL DE LAS LENGUAS
INDO-EUROPEAS

POR

MANUEL J. RODRIGUEZ

Profesor de Gramática General y Filología en la Escuela Preparatoria
del Saltillo (México).

EN COLABORACIÓN CON

M. ALBERT WOLF

PRIMERA EDICIÓN

. PARÍS

GARNIER HERMANOS, LIBREROS-EDITORES

6, RUE DES SAINTS-PÈRES, 6

—

1900

EL LENGUAJE ESPAÑOL

Las voces primitivas ó gritos han sido un conjunto de sonidos, caracterizado por el ruido de los cuerpos que se chocan por influencia de un impulso irresistible ; gritos que lanzó el salvaje en las lobregueces de la selva, en la triste aspereza de las montañas, allá en los primitivos tiempos, cuando fatigado y triste pretendía sofocar los elementos con la idea aprisionada que trabajosamente buscaba la sonante válvula del *verbum* para hacer explosión contra todos sus adversarios que eran todos los elementos de la naturaleza airada. Pero no hallando el salvaje esa válvula para dar salida á la comprimida idea, con grandes esfuerzos prorrumpe en gritos plañideros, teniendo cuidado de imitar los mil rumores de la naturaleza que á sus oídos repercutían : aquí el *verbum erat verbum*, aquí la ciencia con firme mano señala el génesis del lenguaje.

Más tarde, tal vez algunos millares de años después de esta hermosa creación, comprendió el hombre la necesidad de que el sonido, el grito sintetizara las propiedades del ser, para expresar la relación entre la imagen de la idea y significado del grito, procurando que éste fuera el tipo del conjunto categórico del objeto, vibradora onda en que rodara latente el pensamiento, átomo fonético que fuera la encarnación suprema de la idea que estalla, del sentimiento que despierta alborozado al influjo de enérgicas sensaciones; y este átomo brillante y esta onda vibradora pasaron con multitud de combinaciones, con exceso de colores y de adornos, de la escala del grito inarticulado á la categoría de palabra, representación genuina de la idea.

Pero tras esta época admirable viene otra, no menos portentosa para el progreso del lenguaje; porque no teniendo el hombre más que un reducido número de palabras de que echar mano para poder satisfacer sus cortas necesidades, preciso era que ante la inspección de nuevos objetos, ante la comparación y la reflexión que de ellos hacía, inventase nuevos términos, y no pudiéndolo hacer fácilmente, empleaba algunos de los que para él eran conocidos, con el fin de designar ideas afines de las cosas. ¡Así nació la figura, así se confeccionó el elegante ropaje de las lenguas, así comenzó la metáfora brillante y seductora!...

Después de haber expuesto estas tres edades, estos tres desarrollos, por los que parece que todas las lenguas han pasado, vamos á designar y estudiar en la presente obra gran parte de los elementos lingüísticos, raíces legendarias de idiomas muertos, que dan origen á multitud de generaciones de voces, las que unas veces modificándose en virtud de leyes eufónicas, aglutinándose ó hermanándose otras, comprenden un sinnúmero de objetos, cuyos caracteres facilitan la inteligencia de las palabras, que no son otra' cosa sino el molde donde se vierte la candente idea.

Trabajo arduo y difícil es explicar analíticamente la ley de combinaciones y permutaciones, deducida de la intrínsica afinidad de los elementos más simples de las palabras, y por este motivo consagramos un capítulo al lector sobre la eufonía y principales conmutaciones de letras del idioma latino, al traducirlas directamente al español; sencillas doctrinas, las que nosotros debemos á filólogos tan profundos como Barcia y Monlau.

. Oportuno nos parece hablar, aunque lisa y someramente, de las diferentes ramas de idiomas que se desarrollaron al benigno influjo de un mismo tronco (el Sánscrito), con cuyos renuevos se ha formado el hermoso idioma de nuestros padres.

La lengua española, por lo que tiene de celta, de eúskaro, de fenicio, de hebreo y árabe, se la puede considerar como perteneciendo á la rama semítica, y por lo que tiene de griego y de latín á un grupo del tronco indo-europeo.

Pero un minucioso estudio de la lengua castellana ha venido á demostrar que las cuatro quintas partes de su vocabulario son directamente derivadas del latín, idioma pelásguico, osco y etrusco. Estos elementos, bajo la directa influencia del griego, que fué para los romanos el perfeccionamiento del idioma latino, como lo demuestran las obras inmortales de Ovidio, Tácito, Virgilio, Cicerón, el ave fénix de la Jurisprudencia, Tito Livio, Julio César, vinieron á formar el idioma latino grecizado, que se propagó por más de media Europa.

En la Península Ibérica, como lo dice un ilustre escritor, se enseñó el latín á todos los habitantes que hablaban el vasco, el godo, de donde toman origen muchos nombres propios; del árabe, al que pertenecen la mayor parte de las palabras que principian por *al*, como *álgebra*, *alquimia*, *algive*, *alquitrán*, *almirez*, *alcanfor*, *álcali* (amoníaco) y muchas de las que empiezan por *ar*, *co*, *cha*, *gua*, *ja*, *je* y *cho*, palabras romanceadas, es decir, latinizadas en tiempo de la dominación de los árabes ó moros en la Península Ibérica, dominación que duró más de setecientos años.

Adulterado el vasco, el godo, el árabe y el latín, se juzgó necesario que el *Romance*, producto de estos elementos (de entre los cuales predominaba el latín) modificados por prefijos, inflexiones y sufijos propios ó derivados, constituyese una nueva lengua que fué llamada *Castellana*, aboliéndose por decreto de Alfonso X (el sabio) el uso del latín, y empleándose para la expresión del pensamiento la rica, sonora y elegante lengua castellana.

Desde entonces este elemento ha sido enriquecido en su tecnología por el elemento griego que en la actualidad forma el vocabulario universal de todas las especulaciones del conocimiento humano; pero más tarde ha venido á acrecentarse la lengua castellana con las lenguas propias de los pueblos americanos, en época ahora tristemente recordada por estos mismos pueblos, y que ha sido grabada en los fastos del mundo con el nombre de Época de la Conquista Americana.

Entre tanto, la lengua castellana tiende á levantarse para dar vida y forma á las nuevas, atrevidas concepciones del genio; y hoy, más que nunca, evoluciona como la materia por distintos órdenes, para remontarse con más brío por el espléndido horizonte del progreso moderno.

Esta obra intenta, pues, investigar el origen del idioma español, determinar las afinidades que tiene, haciendo ver lógicamente las leyes morfológicas que han constituído su rápido desenvolvimiento.

Para fin tan científico como delicado, para empresa tan magna como gloriosa, nos ha servido de brújula el monosílabo sánscrito, griego y latino, y nos ha internado á ignotas regiones, donde podemos observar al *verbum*, al *logos*, supremo, ávido aún de sempiterna evolución. Y al descubrir este *logos*, palpitando con fulguraciones de relámpago, por entre la multitud de fragmentos fonéticos, por entre el polvo triste del olvido en que yaciera el primer engendro humano, el pensamiento encarnado en el sonido, nos sentimos poseídos de una alegría infinita.

Dígnese el benigno lector acompañarnos en esta empresa y comprenderá con nosotros la for-

mación de la lengua española, perdonándonos tal
vez muchas faltas y discrepancias, que conside-
ramos pequeñas ante la utilidad que manifiesta
tener esta hermosa labor, muy superior á nuestras
exiguas fuerzas.

LA FUENTE
DEL IDIOMA ESPAÑOL

CAPÍTULO PRIMERO

MORFOLOGÍA

Llámase Morfología la parte de la lingüística que estudia los elementos constitutivos de las palabras, y las leyes según las cuales se forman, combinan y trasforman las mismas palabras.

Si los elementos más simples de que están compuestas las palabras son las letras, podemos formar con éstas sílabas, diptongos y triptongos que vengan á constituir, según el lugar que ocupen, raíces, prefijos, sufijos, pseudo-prefijos pseudo-sufijos y algunas veces flecciones y desinencias.

Raíz es, según la opinión de eminentes etimologistas, un elemento literal común á diversas familias de palabras, con significación ideológica constante, que permanece en todas ellas; tales son las raíces: *Am*, que da la idea de amar: *St*, que da la de inmovilidad ó estabilidad; *Ar*, la de trabajo; *Nam*, *nac*, *noc*, *not*, la de conocimiento, alma, razón, nacimiento, nombre, etc.

Dux, la de guiar, dirigir ó mandar; *pon*, la de poner ó colocar; *plan*, la de extensión ó estabilidad: *pur* ó *pir*, la de fuego; *orior* ú *or*, la de principio ó límite; *ter*, la de tierra; *cap*, la de cabeza; *Fac*, la de cara, superficie, lado; *rex*, la de mando; *man* (de *manus*), la de obra, trabajo; *au*, la de sonido, elevación, soplo, oro, dignidad, alma; *pullus*, la de pequeñez; *sol*, la de soledad: *cor*, la de afecto, relatividad, juicio; *test*, la de cabeza, capricho, plenitud; *moll*,

1

la de molécula ó moler; *tur*, la de ruido monótono; *pes*, *pous*, *pod* ó *ped*, la de pie, y otras muchas que son el tema de esta obra y las que explicaremos, dando á conocer los procedimientos de conmutación ó cambio, conforme á la índole eufónica y armónica propia de la lengua castellana, para lo cual llamamos la atención del lector inteligente.

Prefijos.

Las preposiciones separables é inseparables que no son otra cosa que voces invariables que establecen una relación entre una ó dos palabras anteponiéndose y adhiriéndose á éstas, se llaman prefijos.

Los prefijos principales del idioma español, procedentes del griego y del latín, son los siguientes:

A. Del griego significa privación; *A-teo*, de *a* sin y *theos* Dios. *Afono*, de *a* sin y *phoné* voz.

A. Del latín denota semejanza, origen, y entra como elemento prostético en composición de muchas palabras; v. g.: *adoctrinar* y *amueblar*, de doctrina y mueble.

Ab y *Abs.* Significan alejamiento, separación, privacion: *ab-rogar*, *ab-uso*, *abs-tener*.

Ad. Conmutado en *ac*, por ser *d* y *c* letras congéneres y muchas veces en *a* por eufonía, significa proximidad, encarecimiento, agregación: *ac-ceder*, *ad-mirar*, *ad-junto*, *a-ceptar*.

Am, Amb, Ambi ó *Amphi*, *amphi* igual con *ambi*. Significan alrededor, dualidad; v. g.: *anfi-teatro*, *an-fibio*, *ambigüedad*, *ambos*.

Ante Ant. Explican la idea de anterioridad, tiempo, como *ante-diluviano*, *ant-año*.

Anti. Significa contrariedad, como *anti-cristo*, *anti-religioso*.

Apo. Significa lejanía, intención, como *apo-teosis*, *apo-stol* (de stello), enviar, *apó-cope* (de copto), cortar.

Cata. De bajo ó debajo; v. g.: *cata-cumba* (de cumbé) bóveda, *cat-ólico* (de ollos) todo.

Circum, Circun, Circu. Alrededor: *circun-stancia*, *circun-loquio* (loqui), hablar.

Cis Citra. Del lado de acá: *citra-muros, cis-alpinos.*

Con, Com, Co. Constituye un mismo prefijo que da la idea de unión, congruencia ó conformidad; v. g.: *con-tener, con-testar;* se usa el segundo cuando la palabra á la que precede empieza por b ó p; v. g. : *com-batir, com-penetrar,* y el último antes de vocal; v. g.: *co-etáneo, co-eterno, co-operación.*

Dia, denota al través; *diá-metro* (de *metrón*) medida.

Des y *Dis.* El primero denota oposición, privación; v. g: *des-mentir, des-dicha;* el segundo, solamente oposición; v. g. : *dis-gustar.*

Epi. Da la idea de estar sobre, la de común, la de durante y mientras; v. g.: *epi-logo* (logos) tratado, *epi-ceno* (coinos ó cenos) común, *efí-mero* (*de hémera*), dia.

Ex, Extra. Significan fuera de; v. g.: *ex-hibir, ex-tender, extra-ordinario, extra-limitar.*

In. Se refiere á la oposición de sentido de la palabra prefijada : *in-habitar, in-audito.*

Hipo é *Infra.* Procedentes uno del griego y otro del latín significan *debajo;* v. g.: *hipó-tesis (tesis),* posición, *infra-scrito.*

Inter, del latin *in* en y (*terra*) tierra, significa entre : *inter-posición inter-venir.*

Meta ó *Met* denota cambio : *meta-mórfosis* (*morphé*), forma, *meta-plasmo* (*plasso*), modelar, grabar.

Ob. Significa *en virtud de, por fuera de;* se convierte en *oc* como en *occidente* y pierde la *b* en *o-poner.*

Para. Tiene las significaciones de cerca y contra; v. g.: *pará-grafo, para-doja.*

Per. Afirma, encareciendo la significación del 'vocablo prefijado; v. g.: *per-tenecer, per-durable.*

Peri. Signifiica alrededor; v. g.: *peri-odo* (de *odos*), camino.

Post ó *Pos.* Da la idea de después; v. g.: *post-data, pos-cribir.*

Preter. De *pre* y *terra,* significa más allá, fuera de; v. g.: *preter-natural.*

TxU

Pro. Denota demostración, la idea de sacar alguna cosa, la de elevación; v. g.: *pro-nación, pro-jenie, pro-longar.*

Re. Significa repetición, intensidad, reiteración; v. g., *re-elegir, re-tener, re-cargar,*

Retro, a. Es lo mismo que *hacia atrás*; v. g.: *retro-ceder, reta-guardia.*

Se. Denota dislocación; v. g.: *se-parar, se-gregar.*

So, Son. Disminución del significado de la palabra prefijada; v. g.: *so-meter, so-asar, son-reir,*

Sub ó Sus. Da la idea de inferioridad de abajo y arriba; v. g.: *sub-sanar, sub-teniente, sub-rayar, sus-traer, sustancia, sub-levar, sus-pirar.*

Suso. Lo mismo que arriba; v. g.: *suso-dicho.*

Trans ó Tras. Da la idea de más allá, á la otra parte; v. g.: *tras-pié, trans-formar, tras-tornar.*

Desinencias ó sufijos.

Para la perfecta inteligencia de las palabras, es necesario el conocimiento de los elementos llamados sufijos ó desinencias, cuya significación se manifiesta únicamente cuando, adhiriéndose al final de la raíz ó raíces, hacen que la significación de ésta ó éstas se una con la idea peculiar y obscura del sufijo ó desinencia.

En tal virtud vamos á dar á conocer los sufijos ó desinencias más importantes del idioma español, extractados por el licenciado Tomás V. Gómez, del Diccionario Etimológico de Monlau.

Aco, Acho. Desinencia sustantiva que denota regularmente desprecio; v. g.: *pagar-aco, popul-acho.* Como desinencia adjetiva, *aco* es análogo á *ico* y se usa en algunos nombres gentilicios, como en *austri-aco, pol-aco.*

Achón, Achona. Aumentación ó como superlativo familiar: *bon-achón, fresc-achón.* Véase *Aco, Acho, uchón,* como *cos-aco, much-acho, cap-uchón.*

Ada. Sustantiva colectiva, significa muchos individuos ó cosas de la misma especie: *arm-ada, cabalg-ada, vac-ada, conel-ada*; duración: *jorn-ada, tempor-ada*; significa también golpe: *puñal-ada, guant-ada.*

Ado y *Ada*. El sustantivo que termine con la desinencia primera, significa empleo, dignidad, jurisdicción: *Consul-ado*, *magistr-ado*, *rein-ado*; pero tanto *Ado* como *Ada* denotan también semejanza en los adjetivos *aceitun-ado*, *bronce-ado*, *jaspe-ado*, *barb-ado*, *dent-ado*; es desinencia igualmente de los verbos para la formación de los participios pasados.

Aje y *Ajo*. La primera es una partícula sustantiva que denota acción; v. g.: *abord-aje*, *par-aje*, *vi-aje*; la segunda es despectiva ó despreciativa; v. g.: *latin-ajo*, *espant-ajo*.

Al y *Ar*. Sustantiva colectiva y abundancial: *arroz-al*, *ceremoni-al*. También es adjetiva y expresa conformidad con la idea de su radical: *pluvi-al*, *particul-ar*.

Alla, *Ualla*, *Uzma*, *Uza*. Desinencia despectiva ó depreciativa: *can-alla*, *gent-ualla*, *gent-uza*.

An. Desinencia adjetiva de significación activa en *harag-án*, *ale-mán*; *capit-án* es sustantiva y varía de significación.

Ancia, *Ancia*. Desinencia sustantiva que se forma de las desinencias *ante* y *ente* de los participios activos. Denota acción presente, habitual, estado ó cualidad permanente; v. g.: *abund-ancia*, *const-ancia*; sinónima *anza*; v. g.: *tard-anza*.

Ando. Inflexión gerundia de los verbos en *ar*: *rein-ando*, *estudi-ando*; también forma sustantivos y adjetivos verbales; v. g.: *educ-ando*, *vener-ando*.

Ano, *Ana*. Adjetiva. Denota pertenencia, procedencia, nación, religión, partido: *mund-ano*, *afric-ano*, *castell-ano*, *cristi-ano*. *Ana* es también sustantiva v. g. *mañ-ana*.

Ar, *Er*, *Ir*. Flexiones de los verbos; proceden de la palabran sanscrita *art*, que por eufonía cambia *er* ó *ir* en los verbos de la segunda y tercera conjugación. *Art* da la idea de trabajo, como *ar-ado*, *art-e*.

Ario. Como sustantiva denota profesión ú ocupación: *not-ario*, *confesión-ario*; persona á cuyo favor se hace algo: *arrendat-ario*. Lugar en donde se guardan ó están contenidos objetos de la misma cosa: *campan-ario*, *relic-ario*, *diccion-ario*. También es adjetiva gentilicia: *bale-ario*, *can-ario* y tiene significación varia en *neces-ario*, *orden-ario*.

Ario de *art* ó *ar* de la misma manera que *io, ia* de *ico, ica* que son sinónimas.

Asco, Esco. Sustantiva. Es colectiva en *hojar-asca, peñasco;* cambia en *esco* y *esca,* cualitativa gentilícia; v. g. : *caballer-esco, parent-esco* y entonces tiene algo de burlesco y extravagante.

Astro, Astra. Despectiva ó despreciativa; v. g. : *poet-astro, padr-astro.*

Atil. Adjetiva. Denota relación con el lugar expresado por el radical ; v. g. : *acu-átil, port-átil.*

Ato. Sustantiva. Significa dignidad, empleo, jurisdicción ; *cardenal-ato, canon-ato.*

Azo, Aza. Aumentativas, pero con la idea de desprecio, v. g. : *sangu-aza, bab-aza; azo* significa el golpe dado con alguna cosa ; v. g.: *hombr-azo latig-azo.*

Az, procede del griego (akos) remedio ; como contracción de esta palabra helénica denota gran inclinación á expresar la idea del radical : *efic-az, cap-az.*

Azgo. Denota empleo, encargo, prerrogativa, jurisdicción y parentezgo ; v. g. : *almirant-azgo, albace-azgo, compadr-azgo.*

Azón. Sustantiva de conmutación varia; v. g.: *arma-zón, cor-azón.*

Bre. Desinencia sustantiva de connotación varia ; v. g. : *nom-bre, po-bre.* Como adjetiva significa que el sujeto calificado por el adjetiva, lleva lo que expresa el radical ; *cele-bre, salu-bre.*

Bundo, Bunda. Adjetiva verbal que denota aumento ó grado superlativo ; v. gr. : *mori-bundo, medita-bundo, furi-bundo*; sinónimas son también *ando, endo, undo, oso, isimo* ; v. g. : *educ-ando, horr-endo, irac-undo, mont-uso, amor-oso facil-isimo.*

Dad Tad é Idad. Desinencias de sustantivos abstractos; v. g. : *bon-dad liber-tad facil-idad.* Casi siempre se añade á los adjetivos. Son sinónimos *or, ancia, ez, ia, icia, on, ud, ura,* etc.

Ecer. Verbal incoativa, es decir, que denota la idea que una cosa empieza á verificarse ó se está verificando : *aman-ecer, conval-ecer, perten-ecer.*

Edo, Eda. Sustantiva colectiva; v. g. : *viñ-eda, ala-meda.* Es afine de *ada, al* y *ar.*

Ego, Iego, Ega, Iega. Cualitativa y gentilicia : *palac-iego, labr-iego, gall-ego.*

Ejo Eja. Diminutiva : *animal-ejo, call-eja.*

El. Sustantiva de connotación varia, pero originalmente diminutiva : *cart-el cord-el.* Como adjetiva connota la pura cualidad : *cru-el, fi-el.*

Ela. Sustantiva. Expresa del verbo radical, quitándole algo de su importancia por ser semejantes á las diminutivas : *corrupt-ela, escu-ela* ; tiene significación varia en *clientela, parentela.*

Elo, Ulo, Ela, Ella. Diminutivas: *lib-elo, maní-pulo, can-ela, quer-ella.*

Endo, Iendo, Yendo. Inflexión gerundiva de los verbos en *er* é *ir* ; v. gr. : *le-yendo, ten-iendo.*

Eno Ena. Adjetiva que denota semejanza: *terr-eno ;* pertenencia, origen ó referencia gentilicia : *mor-eno, nazar; eno ;* número ordinal : *nov-eno onc-eno. Ena* es también colectiva : *quinc-ena, cuarent-ena,* y de connotación varia: *cad-ena, verb-ena.*

Ense. Adjetiva que connota lugar : *for-ense ;* gentilicia: *jalisci-ense, coahuil-ense.*

Ento, Enta. También *Iento, Ienta.* Adjetiva que denota simplemente cualidad ó semejanza con ella: *amarill-ento, avar-iento, grac-iento.*

Eño, Eña. Adjetiva que expresa conformidad con la idea del radical : *aguil-eño, risu-eño.*

Eo. Sustantiva. Denota acción repetida, colección : *mar-till-eo, mus-eo.*

Eo, Ea. Denota conformidad con la idea del radical ; es adjetiva : *aur-eo, silíc-eo, férr-eo.*

Ería. Desinencia sustantiva de connotación varia : *in-fant-ería, privat-ería.* No ha de confundirse con la de carpintería, herrería, etc., derivados de carpintero, la cual es *ia* y no *ería.*

Erio. Sustantiva de connotación varia : *cautiv-erio, mist-erio,* es una forma de *io.*

Ero, forma de *Ario.* Sustantiva que toma también la forma de *Era.* Denota profesión, ocupación, oficio, secta : *joy-ero, reloj-ero ;* localidad donde se hace algo : *embarcad-ero, lavad-ero* ; cosa que sirve para guardar otra.: *cartera, coch-era.*

Errimo ó más bien *Rimo.* Desinencia superlativa de algunos adjetivos que en latín toman *er,* como *acer, liber, miser,* que en castellano son : acre, libre, miser :*ac-érrimo, lib-érrimo, mis-érrimo.*

Ero, Era. Adjetiva, denota capacidad, posibilidad, aptitud ó mérito para algo : *casad-ero, haced-ero, pareced-ero.*

Es, Esa. Es una forma de *Ense,* gentilicia : *franc-és, ingl-és, marqu-es duqu-esa ;* patronímica convertida en *ez* : *Fernánd-ez, Gonzál-ez.*

Este, Estre. Adjetiva, marca una relación de lugar ó de lo que está en él : *camp-estre silv-estre, cel-este.* Es afine de *ense* y de *es.*

Ete, Eta, Eto. Sinónimas de las diminutivas *illo, illa, ito, ita* : *casq-uete, aguj-ete, foll-ete.*

Eton, Etona. Aumentativa de los diminutivos de *ete :* *jugu-etón, pobr-etón.*

Ez, Eza. Sinónimos de *ancia, encia, dad* ó *tad, tud,* é *ia.* Expresan cualidades en abstracto : *honrad-ez, per-eza;* filiación : *Rodrigu-ez, Lóp-ez,* es decir, hijo de Rodrigo y de Lope.

Ezno. Diminutiva : *leb-ezno, vivor-ezno.*

Fero, Fera (del latin ferre, llevar). Adjetiva equivalente á que lleva : *luci-fero, morti-fero* ; toma la desinencia *ar* en *voci-ferar.*

Guar, Iguar. Infinitiva verbal : *apac-iguar, amort-iguar.*

Ia, Cia, Icia. Sustantivas que expresan en abstracto las cualidades de los adjetivos á que se unen : *miser-ia, just-icia, avar-icia.*

Las desinencias *ancia, encia, dad, tad, ia, icia* son las propias para expresar las cualidades morales del hombre, como sus virtudes, sus vicios y pasiones.

Ia, con í acentuada. Sustantiva análoga á ia (diptongo): *alegr-ía, cobard-ía;* significa á veces profesión, cargo, dignidad, colección: *abogac-ia, canong-ia, capellan-ia, clerec-ia.*

Ica. Desinencia de muchos nombres de ciencias y artes: *Aritmet-ica, Botán-ica, Dialéct-ica, Gramát-ica, Mecán-ica, Ét-ica.* Estas palabras son en griego verdaderos adjetivos que llevan sobrentendida la idea de arte ó ciencia expresada por la contracción. Frecuentemente se usan como si fueran sustantivos.

Icio, es la desinencia *io,* en la forma *cio* con otra *i;* su connotación es varia: *bull-icio precip-icio, hosp-icio.* Icio, *icio,* son desinencias adjetivas y denotàn semejanza, referencia, modo: *cardenal-icio, translat-icio, gentil-icio.*

Ico, Ica. Sustantiva diminutiva: *Mar-ica, Per-ico,* de María y Pedro; también es adjetiva y entonces denota conformidad con la cualidad que expresa el sustantivo radical: *civ-ico, léx-ico, orgán-ico;* algunos adjetivos en *ico* se usan como sustantivos: *polít-ico, catedrát-ico.*

Iche. Diminutiva: *bol-iche, trap-iche.*

Ido. Sustantiva, denota el resultado de la acción del verbo radical: *buf-ido, gem-ido, ladrido.*

Ido, Ida. Participios pasivos de los verbos en *ar* é *ir: le-ido, preven-ido.* Muchos de estos porticipios se usan como sustantivos: *vest-ido, descre-ido.*

Ido, Ida (en los esdrújulos). Adjetiva que denota que el sustantivo calificado por el adjetivo que ella forma, está dotado en grado bastante de la propiedad que expresa el radical: *cál-ido, lúc-ido.*

Ie. Sustantiva verbal que añade á la idea del radical la de cosa exterior visible ó notable: *barbar-ie, calvic-ie.* Esta desinencia es igual á *ia* (diptongo).

Iente, Yente. Forma de ente y ante: *luci-ente, crey-ente.*

Igar. Definitiua verbal: *lit-igar, nav-egar.*

Ijo, Ija. Diminutiva: *Escondr-ijo, lagart-ija.*

Il. Sustantiva diminutiva: *tambor-il,* de connotación varia en: *albañ-il, barr-il, marf-il.* Como desinencia adjetiva se añade á un radical nominal: *juven-il, varon-il,* y entonces connota lo mismo que *al;* y si se agrega á un radical, parece contracción de *ible: dóc-il, frág-il út-il.*

1.

Illo, *Illa*. Sustantiva diminutiva : *pajar-illo aren-illa* ; en algunos nombres es de connotoción varia : *caud-illo*, *ladr-illo*.

In, *Ino*. Diminutiva : *botiqu-in*, *palom-ino*, *lechúgu-ino*.

Ina. Denota profesión ó lugar donde se ejerce : *medic-ina*, *ofic-ina* y es de connotación varia en : *chamusqu-ina*, *ruina*.

Ino, *Ina*. Adjetiva equivalente á *ano*: *div-ino*, *mar-ina*, se junta con radicales que significon animales, plantas ó minerales : *can-ino*, *cedr-ino*, *alabastr-ino*, y es patronímica y gentilicia : *granad-ino*, *lat-ino*, *padr-ino*, *madr-ina*, etc.

Io (diptongo). Sustantiva verbal que denota la acción del verbo ó su resultado, lugar donde se ha hecho, conjunto de personas que lo han ejecutado : *coloq-io*, *jui-cio*, *imper-io*; se convierte en *monio* : *testim-onio*, *patrim-onio*.

Io, *Ia*. Adjetiva. Connota conformidad con lo que significa el radical : *patr-io reg-io*.

Io con *i* acentuada, sustantiva de connotación varia : *albedr-io roc-io* y adjetiva : *bald-io*, *cabr-io*.

Isco. Sustantiva de connotación varia : *aster-isco mord-isco*, que tienen algo de diminutivas. Es gentilicia en *berber-isco*, *mor-isco*.

Isimo, *Isima*. Superlativa : *facil-isimo*, *prudent-isimo*.

Ismo. Sustantiva que connota la idea de religión, sistema, coordinación ó conformidad en el modo de ser, pensar, hacer, hablar ú obrar : *cristian-ismo*, *ju-daismo*, *mecan-ismo*, *galic-ismo*.

Ista. Sustantiva. Denota profesión, oficio, ocupación, hábito y también opinión, secta, escuela : *dent-ista*, *helen-ista*, *nominal-ista*.

Itar. Infinitiva verbal frecuentativa : *irritar*.

Itimo. Superlativa : *leg-itimo*, *mar-itimo*.

Ito, *Ita*, *Ite*. Diminutiva : *palm-ita*, *pobrec-ito*, *escond-ite*.

Ivo, *Iva*. Adjetiva verbal. Connota la propiedad de hacer algo : *constitut-ivo*, *direct-ivo*. Muchos de los adjetivos que forman, pertenecen al lenguaje científico : *sustant-ivo*, *adjet-ivo*, *aumentat-ivo*. Es sinónima de *ante* y *ente*, con la diferencia de que ésta denota actualidad en la acción, mientras que *ivo* más bien indica posibilidad.

Iz es sufijo y tiene connotación varia : *desl-iz, ma-iz, tap-iz.*

Izar. Imitativa verbal, y otras veces como sinónimo de *ficare* (de facere) es frecuentativa : *canon-izar, inmortal-izar.*

Izo, Iza. Adjetiva. Expresa cualidades físicas y morales y disposición del ánimo : *antojad-izo, enferm-izo, baut-izo, lloved-izo.*

Men. Substantiva verbal como abreviatura de *mento.* Derivada del latín *mens*, inteligencia; denota, acción del verbo : *cert-amen, régi-men;* es colectiva en *madera-men.*

Menta, Mienta. (La misma toma una *i* antes de la *e* por afinidad que entre sí tienen estas letras). Se usan para nombres femeninos no verbales : *vesti-menta herra-mienta.*

Mento. Substantiva. Denota cosa, agente : *instru-mento, orna-mento;* y otras veces idea pasiva : *frag-mento, seg-mento* (cosa quebrada).

Miento. Lo mismo que la anterior: *sacudi-miento, venci-miento.*

Monia. Desinencia de substantivos abstractos, con la significación de constancia, hábito ; pero con algo de disminución del significado del radical : *acri-monia, parsi-monia.*

Ojo, Oja. Diminutiva y algo afine de *uco* y *ucho*, pero no con tanto desprecio : *cerr-ojo, man-ojo.*

Olento, Olenta. Adjetivo que viene según se cree, de *ollere*, latín sentir, oler : *vin-olento.* Significa que el sujeto calificado por el adjetivo tiene mucho de lo que expresa el radical : *sanguin-olento, vi-olento.* Toma en muchos casos la forma de *ulento* : *Op-ulento, turb-ulento.*

On, Ona. Aumentativa con la idea de desprecio : *gigant-ón, moscard-ón.* Es diminutivo en : *artes-ón, rat-ón.* Significa también el autor de actos reprensibles, ridículos ó vergonzosos : *ladr-ón, buf-ón, glot-ón.* Es sufijo en *jab-ón, le-ón, serm-ón.*

Or. Substantiva verbal que expresa estado ó resultado de una acción: *ard-or clam-or dol-or.* Toma las formas *sor, tor, dor, ador, edor, idor: defens-or, invent-or, aguad-or, acusad-or, bebed-or, batid-or,* y en éstos designa el agente de una acción y también oficio, ocupación, hábito. Es afine de *ante.* Algunos masculinos en *or* hacen su femenino en *triz: empera-triz, direc-triz, ac-triz.* Por último, es comparativa en algunos adjetivos comparativos, tomados del latín: *superi-or, inferi-or.*

Orio, Oria. Adjetivo compuesto de *or* é *io.* Denota lo que sirve para ejecutar una acción: *consolat-orio, infamat-orio. Orio* también es desinencia substantiva.

Oso, Osa, Uoso, Uosa. Adjetivo nominal que denota generalmente que el sujeto calificado posee en abundancia, plenitud y fuerza lo que expresa el radical: *envidi-oso, a, montu-oso, a.* Son sus sinónimos: *aceo, az, ble, eo, tor, dor.*

Ote. Aumentativa y despectiva: *herej-ote, libr-ote;* diminutiva *isl-ote* y de significación varia: *cap-ote garr-ote.*

Terno, Terna. (Del latín *tris,* tres, ó bien *œternus,* eterno; de *œtas,* edad: *torsus,* vuelta). Se añaden lo mismo que las desinencias *turno, turna,* de *torsus* á los substantivos ó adverbios de tiempo, y forman adjetivos de igual significación: *sempi-terno noc-turno.*

Timo, imo, mo. Esta desinencia superlativa es verdaderamente *imo;* pues la *t* pertenece á la desinencia sólo en griego, en latín y en sánscrito. En castellano es *ismo* y *érrimo.*

También existe un superlativo en *imo* y *mo: inf-imo, su-mo.*

Tud, Itud, Ud. Variante de *tad* ó *itad,* y forma nombres abstractos: *juven-tud, pronti-tud, sal-ud.*

Uco, Uca, Ucho, Ucha. Diminutivas y despectivas: *car-uco, cas-ucha, animal-ucho.*

Udo, Uda. Adjetiva de connotación análoga á *ado, edo.* Es abundancial, pero en sentido despectivo, significando grosería ó vulgaridad: *caprich-udo, testar-udo.*

Uja. Diminutiva: *ag-uja, burb-uja.*

Ulo, Ula. La desinencia *lo* es, puede decirse, la base de *ulo, vulo,* y son afines: *párv-ulo, rég-ulo.* Como adjetivo es también diminutivo con la connotación de abundancia, frecuentativa, iniciativa y califica desfavorablemente: *créd-ulo*, *ridíc-ulo*, *gárr-ulo*, es contracción de *cullus*, pequeño.

Umbre ó *Dumbre*. Compuesta al parecer de *ud*, *dud* ó *tud* y de *bre*. Significa lo mismo que *tud* : *mansed-umbre*, *muched-umbre*.

Undo, *Unda*. Adjetiva, es una forma de *endo*.

Uno, *Una*. Adjetiva que connota cosa propia de animales: *ovej-uno*, *vac-uno*.

Uo, *Ua*. Adjetiva de significación varia : *individ-uo*, *asid-uo superfl-uo*.

Ura. Desinencia de substantivos abstractos que denota el resultado de la acción significada por el radical : *escrit-ura*, *claus-ura*, *us-ura*. Son sinónimos : *dad*, *ancia*, *encia*, etc.

CAPÍTULO II

Filología.

Siempre ha sido el objeto de los filólogos, de los gramáticos y lingüistas, al estudiar una lengua cualquiera, investigar por cuantos medios estén á su alcance el origen, la afinidad y las leyes morfológicas de conmutación y fonéticas en que una lengua se halla respecto de otra, que viniera á determinar su nacimiento y evolución.

De esta manera se propende á adquirir propiedad y pureza en el decir, claridad en la expresión y esa mágica elegancia de que están saturados los idiomas modernos, merced á las rítmicas combinaciones fonéticas que, por virtud propia, tienen las lenguas llamadas de flexión.

Mas para investigar el origen, precisa hablar de la trascendental importancia de la Filología, ciencia, que en las postrimerías de este siglo ha sido cultivada con afán é interés inusitados.

Como examinadora severa de las palabras, la Filología abre amplios derroteros en el inmenso é ignoto campo de la lengua, y nos hace comprender las trasformaciones tanto literales como de significación que sufren esas mismas palabras de cuyo nacimiento, mostrándonos su cuna, nos entera hasta la evidencia.

Sabido es que quien ignora el origen de una palabra (como ingenuamente lo dice el conspicuo corifeo de la Filología, el eminente Max Müller) se halla, respecto de ella, en las mismas condiciones que de una persona á quien no se conoce sino de vista y de la que no se sabe más que su simple apellido.

Es admirable observar que la idea esencial de la palabra quede absolutamente refundida en la raíz, por lo que basta, para la comprensión fundamental de todo vocablo, despojarlo de sus elementos accesorios, como son prefijos, sufijos, desinencias, inflexiones, etc. (elementos que modifican el peculiar sentido de la raíz, con aditamento de una idea nueva y circunstancial), obteniéndose así clara y prontamente la verdadera y genuina significación de la palabra, á fin de deducir su desenvolvimiento verbal, que surge luminoso, como la consecuencia de las premisas. Esto constituye una de las bases fundamentales de la ciencia filológica.

Pero sí desde la más remota antigüedad se ha dicho que la *Etimología toca muy de cerca á la substancia de los objetos*, que el que *entiende bien las palabras comprende bien las cosas*; nosotros, muy distantes de poder aproximar la humilde apreciación, no haríamos sino corroborar el sentir de todos los sabios al llamar la Etimología: *Fuente inagotable de definición*.

Un asiduo estudio de notables filólogos ha venido á demostrar que las lenguas en su infancia han tenido un reducido número de palabras que sólo expresaron objetos, hechos, ideas materiales; y si abundantes son las acepciones que la mayor parte de las palabras poseen la significación connota por la raíz, es por antonomasia la propia definitiva. Todas las demás están tomadas en un sentido translaticio ó metafórico, infiriéndose de aquí que los estudios etimológicos nos proporcionan la existencia de multitud de tropos ó figuras, que no son sino otras tantas y hermosas formas con que están revestidas esas hijas de la inligencia humana: las ideas de todas las razas y de todos los pueblos, las cuales tienen una existencia indefinida y perecedera sólo por inapelables leyes de la evolución.

Merced á los estudios etimológicos sabemos, por decirlo así, apreciar la edad de las palabras, pudiendo indicar aproximadamente el caudal de neologismos que han tomado carta de naturaleza en el floreciente almácigo de nuestra lengua; igualmente la misma etimología nos muestra, para que las apreciemos en todo su valor, esas ricas joyas, herencia de un pasado glorioso de nuestra lengua, joyas que, bien por juro de heredad, bien por respeto al clasicismo de nuestros mayores, conviene lucir en las sublimes manifestaciones de la idea con una circunspección á la par que austera, delicada.

Deberemos desterrar la idea, todavía predominante, de

que la Ortografía está sujeta á los caprichos del uso; pues si esto sucede muchas veces, no por eso debe creerse que le es dado al filólogo traspasar ciertas barreras, ciertos límites vedados á la inteligencia humana, y si existen estos límites infranqueables es porque hay en las lenguas un valor y una fuerza sobrenaturales, que profundamente sentimos y cuya causa no alcanzamos á explicarnos; porque no ha llegado aún el bienhadado día en que la Historia, la Etnología y las Ciencias naturales den plena luz sobre el difícil problema del Lenguaje.

Por lo demás, deberemos creer que la Ortografía de los idiomas debe de estar fundada en el orden de las investigaciones filológicas, puesto que la mayor parte de ellas nos proporcionan soberanas leyes ortográficas. Una lengua, pues, cuya ortografía descanse en la ciencia filológica, será una lengua perfecta, en la que cada palabra se manifestará como la imagen microscópica proyectada sobre un muro, por medios ópticos, y en la cual el más ignorante podrá estudiar y medir todas las partes de un vasto cuadro.

CAPÍTULO III

EUFONÍA CASTELLANA Y PRINCIPALES REGLAS DE CONMUTACIÓN
· LITERALES

El objeto que nos proponemos en este capítulo es exponer lo más brevemente posible las alteraciones eufónicas
que experimentan las palabras, debido á las alteraciones ó
conmutaciones de las letras, las que comunmente se cambian por una afinidad natural que tienen unas respecto de
otras. Esto es de importancia suprema, desde el momento
en que toda conmutación literal se efectúa frecuentemente
obedeciendo á reglas ó más bien á leyes fundamentales de
las lenguas, en relación con el estudio antropológico de los
órganos de la palabra. Vamos á explicar por orden alfabé-
tico las conmutaciones de vocales y consonantes del idioma
español, conmutaciones expuestas por Monlau, de las que
hacemos un extracto á fin de no dejar duda de la verdadera etimología de un gran número de raíces, de las que
hacemos derivar un considerable grupo de palabras en
nuestros posteriores ejercicios.

A

Pocas son las alteraciones que ha sufrido esta letra, sin
embargo frecuentemente se trueca por su afine *e*; así la *a*
de *cap* (raíz de cabeza) se convierte en *cep* en el pretérito
de *cap-ere*, pensar; *trahere*, traer, verbo latino, hace el
supino *tractus*, y de aquí la palabra : *trectu*, estrecho.

B

Se connuta en *u* de *cabdal*, español caudillo, de *cib-dad*,
ciudad. Esta letra va como la *p* después de su afine *m*. Así

el prefijo *con* pasa á ser *com* al unirse con la raíz *pon* y se tiene *com*-poner.

La *p* del latín pasa á ser en castellano *b*, así muchos de los derivados de la raíz *cap* pasan al castellano, teniendo *b* en lugar de *p* latina.

C

Se cambia en *ch*; así de *cap* viene *chav-eta*, sentido familiar, cabeza, inteligencia. Chinche, del latín *cimice*. Frecuentemente pasa al español en *g*; v. g.: *amicus*, amigo. Doble *cc* ó *x* por inversión (x), se cambia en *q*: *dux*, jefe, duque, aunque también la *c* simple pasa á ser *q*: *caseo*, queso. Conmútase en *z* en *calc-are*, *calz-ar*.

Cl

Esta combinación literal, salvo muy pocas excepciones, procede, en todas las palabras españolas que la contengan, de cualquiera de las dos raíces, *cla* de *clavis*, clavo, y *cla* de *clam-are*, clamar; epéntesis de *kall*, es decir, *kla* ó *cla*. Esta *cl* de *cla* comútase en *ll*; v. g.: *clavis*, llave.

Ct

Se trueca del latín al castellano en *ch*; v. g.: *pro-vectus*, provecho, *vectus* es participio de *vehere*, llevar, caminar. Algunas veces se suprime la *c* de esta combinación, como en *delictus*, delito.

Ch

Esta letra pasa del latín á nuestro idioma, perdiendo la *h* y quedando la *c*, así *christianus*, cristiano, *chronica*, crónica.

D

Algunas veces desaparece esta letra en algunos derivados latinos; así, *audire*, oir, *cadere*, caer. Otras, y casi por regla general, la *d* latina se trueca en *l*, *odor*, olor, *cauda*, cola. También con alguna frecuencia la *d* procede de la *t* latina: *atus*, *ata*, *atum*, terminaciones de los participios pasados, se traducen al castellano en *ado, ado, marcado, marchado.*

E

Se conmuta por afinidad que esta letra tiene con la *i* en el diptongo *ie* de *tempus,* tiempo, de *centus,* ciento.

F

Pasa al castellano á ser *h : facere,* hacer, *fado,* hado. La F y la V, letras afines por ser labio-dentales existen en muchas voces latinas, procedentes de vocales griegas aspiradas; de aquí por qué antiguamente se aspiraba la *h,* pronunciándola como j.

Fl

Lo mismo que las combinaciones *cl* y *pl,* se conmutan en *ll,* así: *fluere,* llorar, *flama,* llama, *planus,* llano, *pluvia,* lluvia.

G

Se trueca en *i: reg-nus,* reino; en *s cygno,* cisne; en *y : gelus,* yelo (hielo), *genere,* yerno. Se añade en *amaro,* amargo, y se suprime en *magister,* maestro.

Gn

Son, propiamente hablando, dos *n* ó dos *g* que ambas tienen una afinidad muy estrecha. Se conmuta como las dos *n n* en *ñ :* v. g. : *cognato,* cuñado, *annus,* año.

H

Véase lo que se dijo de la F.
Se añade al principio de las voces : *huérfano, huevo,* y *hueso* del latin *orphano, osse, ovo.* Se suprime en *aliento* del latin *halitus.*

I

Pasa comunmente á ser *e,* v. g.: *circa,* cerca. Y antes de *l* en algunos subfijos y palabras se conmuta en *j*: *consilium*, consejo, *filius*, hijo.

J

J es la misma i; v. g. : *jugum*, yugo, *jacere*, yacer, que debieran escribirse *iugo iacer*; *judicare*, juzgar, *jurare*, jurar, *jocoso*, jocoso, *jumentum*, jumento. La *j* de estas palabras es la verdadera *j* gutural; *be* en j : *rubeno*, rojo.

L

Se traduce del latin al español en *j*; v. g. : *speculum*, *oculus*, *alienus*, espejo, ojo, ajeno. La *l* latina algunas veces se duplica al pasar al castellano; v. g. : *mirabilia*, maravilla, dando lugar al sonido de la *ll* española.

Lt

Como *Ct* se conmuta en *ch*; *multus*, mucho, *auscultare*, escuchar, *cultello*, cuchillo.

Mn

Esta combinación biliteral como la *gn* ó *ng* y la *mn* se conmuta en ñ como se observa en *damno*, daño, *tanmagnus* tamaño, *tingere*, teñir, *stanium*, estaño. De *domnus*, contracción de *dominus*, señor, viene dueño.

O

Se trueca en *a* : *novacula*, navaja; en *e formosus*, hermoso, *rotundus*, redondo ; eu *u locus*, lugar, *nodo*, nudo. Se cambia en el diptongo ue : *somnum*, sueño, *corpus*, cuerpo. Suprímese en los pronombres posesivos *tuos*, *suos*, quedando *tus*, *sus*.

P

Esta letra labial se cambia en *b*; v. g.: *caput*, cabeza, *capillus*, cabello, *aperire*, abrir, Se suprime en *pneuma*, pulmón, quedando *neuma*, *psalmo*, salmo.

Q

Asigna el valor fonético de la *c* y la *k*; por consiguiente, sufre la alteración de convertirse en *c*; v. g.: *quinque*, cinco, *liquor*, licor, *question*, cuestión. Se cambia en *g*; v. g.: *sequi*, seguir, *antiquo*, antiguo.

R

Truécase en *l* como se ve en *marmor*, mármol, *arbor*, árbol. Esta conmutación es muy natural, desde el momento que es una articulación lingual-paladial, congénere de *r*, letra la más difícil de pronunciar. Los niños de la América Latina frecuentemente pronuncian *l*, en donde deberían emitir el sonido de *r*.

S

Esta letra comunmente llamada silbante, representa en muchas voces greco-latinas el espíritu áspero del griego. Así las palabras griegas *udor*, *uper*, *upnos*, se traducen al latín *sudor*, *super*, *somnus*. Truécase en *es* cuando entra como líquida al principio de palabra : *spiritus*, espíritu, *stare*, estar, *scribere*, escribir. Elimínase la *s* inicial en las palabras *scientia, scedulla, sceptro*, ciencia, cédula, cetro. Truécase también en *j*; v. g.: *sapone, succo, siringa*, respectivamente jabón, jugo, jeringa.

T

Articulación lingo-dental que se asemeja á la *d*, cuyo sonido exige siempre que la pronunciemos débilmente. Conmútase en *c* en *oratione, otium, inclinatione, avarilia*, oración, ocio, inclinación, avaricia: en todas las palabras cuyo incremento en *ancia, encia*, ó *icia*, corresponde á las latinas en *antia, entia, itio*. Con alguna generalidad truécase en su afine inmediata *d* ; v. g.; *natare*, nadar, *vita*, vida, *pater*, padre.

U

Conmútase en *o*: *currere*, correr, *gutta*, gota, *lupus*, lobo, *aspectus,* aspectus.

V

Esta letra posee la articulación labio-dental débil, es letra afine de la *f*. Existe una mutua confusión de la *f* por la *v* y de la *v* por la *f* en virtud de una estrecha afinidad.

X

Truécase en *j* con alguna frecuencia; v. g. : *exemplum*, ejemplo, *axi*, eje. Siendo final, se trueca en *z*; y de aquí pasa á ser *c* ; v. g.: *lux*, luz, luces, *crux*, cruz cruces.

Y

El valor fonético de esta letra equivale al de dos *ii*. Antiguamente la *hipsilon* griega se respresentaba por *y* en las palabras que la contenían; hoy ha caído en desuso esta ortografía y se escribe etimologia, presbítero, en vez de etymologia, prerbytero.

Z

Esta letra que en griego se pronuncia lo mismo (zeta) se conmuta en *c* cuando precede á la *e*; v. g. : céfiro, celo.

Au

Esta combinación bivocal se cambia en *o* : *gaudium*, gozo, *aurus*, oro:

Es de advertirse que las conmutaciones referidas no siempre se ajustan á la índole de una regla general ó de un principio fundamentalmente filológico, sino que abundan las excepciones, fundándose en muchos casos la conmutación en la tendencia siempre laudable y justa de eufonizar las voces castellanas, por cuya armonía y dulzura el idioma español supera á los que actualmente se hablan en el antiguo y nuevo mundo.

Primer ejercicio.

La raíz *temp*, de *temp-us*, latín, tiempo, nos da la idea del mismo y la de algunos fenómenos físicos y metereológicos que, merced al tiempo, se efectúan en nuestro planeta. De esta raíz derivamos :

Tiempo.

Temperar.

Temperatura.

Temperante.

Temperación.

Temperable.

Temperancia.

Temperamento.

Tempestar.

Tempestad.

Tempestivo, va.

Tempestuoso, sa.

Templar.

Templado, da.

Templadamente.

Templanza.

Temple.

Témpora.

Temporal.

Temporalidad.

Temporada.

Temporalizar.

Temporalización.

Temporalmente.

Temporáneo, ea.

Temprano, na.

Tempranamente.

Atemperar.

Atemperación.

Atemperante.

Contemplar.

Contemplación.

Contemplador.

Contemplativo, va.

Contemplanza.

Contemporáneo.

Contemporáneamente.

Contemporizar.

Contemporización.

Destemplar.

~~Destemple.~~

Destemplanza.

Destemplado, da.

Extemporáneo, ea.

Extemporal.

Intemperancia.

Intempestivo, va.

Intempestivamente.

Llámase á la duración sucesiva de las cosas, tiempo; esta palabra, filológicamente hablando, significa división del griego *temno*, dividir. Alguien seguramente observó que, merced al tiempo, se efectuaban ciertos fenómenos metereológicos, como la tormenta en los mares, ó en las planicies; y valiéndose de la palabra *tempus*, llamó á la tormenta *tempestad,* y á la condición del aire atmosférico *temperie* ó *temperatura,, tempestuoso, tempestivo.* El tiempo marca el régimen, la medida y la sucesión del crecimiento de las cosas, y una persona cuando sujeta sus costumbres á medidas, á reglas, es *temperada* aunque sea *templada* y *temperante.* De aqui *temperar* ó *atemperar, templar, tempestivo* é *intempestivo.* A algo que dura poco tiempo se llama *temporada, temporal* ó *témpora; temporalizar* y *temporalmente* indican que dura poco tiempo.

Refiriéndose á las condiciones fisicas de una persona, se dice que tiene un *buen* ó mal *temperamento,* por la misma razón que de las condiciones atmosféricas de un pueblo cualquiera se dice que hay en éste una grata ó insoportable *temperatura.*

Temple de una persona ó de un metal no es otra cosa que la finura ó firmeza que tiene para que resista á todas las desgracias ó á casi todos los ataques de la intemperie ó del buen tiempo.

La palabra *templo,* ¿quién había de creerlo? se origina de *tempus;* sí, señores, esta palabra significó primeramente el espacio que servía de lugar á la *contemplación* de las observaciones de tiempo ó atmosféricas, observaciones que hacían los sacerdotes ó augures, de donde se ha derivado la última palabra que subrayamos; porque se observaba ó contemplaba el tiempo, las leyes del movimiento de los astros.

Los estrechos límites de esta obrita, nos impiden que prosigamos con otras explicaciones no menos importantes, que guardamos en el tintero; pero las que traemos á las mientes del lector son suficientes para que comprenda, por hoy, las palabras que hemos encontrado en la jornada filológica emprendida.

Segundo ejercicio.

Del latín *cor, cord-is,* corazón inmediato derivado del griego *card-ias,* corazón; tenemos en el idioma español las siguientes palabras. Recuerde el lector que los antiguos creían que la vida, el alma y todas las facultades mentales residían en este órgano, y por eso es que las palabras derivadas de esta raíz expresan hechos é ideas de la mente.

Cor.
Coro (de).
Corazón.
Corazonada.
Coraza.
Coracero.
Cordial.
Cordialmente.
Cordura.
Cuerdo, da.
Cuerdamente.
Acordarse.
Acorde.
Acordemente.
Acordado, da.
Acordadamente.
Acuerdo.
Concordar.
Concorcadancia.
Concordación.
Concordato.
Concordia.
Concorde.

Concordemente.
Concordante.
Concordable.
Discordar.
Discordancia.
Discordante.
Discordia.
Discorde.
Desacordar.
Desacuerdo.
Desacordamiento.
Desacorde.
Desacordadamente.
Recordarse.
Recuerdo.
Recordación.
Recordable.
Recordativo, va.
Trascordarse.
Sincerar.
Sinceridad.
Sincero, ra.
Sinceración.

Nuestros padres creyeron que el corazón, que en sanscrito es *hrid*, en griego *cardias*, en latin *cor*, *cordis*, era el centro en donde residian el valor, el ánimo, la voluntad, el amor, los afectos y aun algunas funciones psiquicas, y por eso es que hemos derivado palabras que encierran relaciones mentales y afectivas.

¿Cuántos millones de años transcurririan desde el *hrid* hasta el *cardias*, desde el *cardias* hasta el latino *cor*, desde que los corazones de los vencidos eran arrancados humeantes todavia, por la mano feroz del hombre politeista, para ofrecerlos ante el altar de los dioses de barro del gentilismo, hasta llegar á la época actual, mil veces gloriosa, en la que parece que los corazones se vinculan con los lazos afectuosos al sublime *recuerdo* de que son hermanos?

Tercer ejercicio.

La idea de arrojar se expresa en latin, con el verbo *pell-ere*, *pul-sum;* estas raíces que dan las ideas de arrojar-se, de mover-se, han venido á crear, con particulas prepositi-vas y sufijos castellanos, la familia siguiente de palabras de frecuente uso en el idioma que estudiamos.

Pulsar.
Pulsación.
Pulsada.
Pulso.
Pulsátil.
Pulsativo, va.
Pulsera.
Pulsear.
Apelar.
Apelación.
Apelable.
Apelado, da.
Apelante.
Apelativo, va.
Compeler.
Compelación.
Compulsar.
Compulsión.
Compulsivo, va.
Compulso, sa.
Compulsor, ra.
Compulsorio, ia.
Expeler.
Expulsar.
Expulsión.
Expulsivo, va.
Expulso, sa.
Expulsador, ra.
Impeler.

Impulsar.
Impulsión.
Impulso.
Imbulsivo, va.
Impulsivamente.
Impulsor, ra.
Impulsador, ra.
Propeler.
Propulsar.
Propulsa.
Propulsión.
Propulsor.
Repeler.
Repelo.
Repelón.
Repeloso, sa.
Repulsar.
Repulsa.
Repulsión.
Repulsivo, va.
Repulsivamente.
Repulsador, ra.
Empellar.
Empellón.
Empeller.
Sepultar.
Sepulcro.
Sepulcral.
Sepultación.

Sepultura.	Pujanza.
Sepulturero.	Pujante.
Sepelio.	Empujar.
Insepulto, ta.	Empuje.
Insepultable.	Empujo.
Pujar.	Empujón.

Hacer fuerza, arrojar, es en latín *pellere*, cuyo supino es *pulsum*; de aquí la palabra *pulso* que metafóricamente significa cuidado, tiento.

Se notó que cuando existía enemistad entre dos personas, éstas se rechazaban, tal vez en son de amenaza se lanzaba una sobre otra, y se dijo que ambos se repelían (de repeler), pudiendo la una contestar á la otra con palabras groseras ó maldicientes, y de aquí nacieron las voces repeler y repelón.

Se vió que á los cadáveres se les lanzaba fuera, á un lugar idóneo, quizá para mayor abundamiento del glacial reposo de los muertos, y se crearon las palabras *sepeler*, *sepultar, sepulcro, sepultura, sepelio*.

Por lo que respecta á las otras muchas palabras del presente ejercicio, palpablemente se manifiesta el valor ideológico que contiene la raíz *pel, pul, puj*.

Cuarto ejercicio.

De la raíz griega *Kall-ó* llamar (de donde formó el inglés el verbo *to call*) que por epéntisis queda *cla*, raíz que da la idea de grito, que es claro, que se percibe bien, como se perciben los objetos con a luz natural, de la misma manera que las ideas con la luz de la inteligencia; por esta raíz *call* ó *cla*, significando claridad ó la idea de llamar, se comprende el verdadero sentido y etimología de las palabras.

Claro, ra.	Clarificación.
Claridad.	Clarificativo, va
Clara.	Clarín.
Clarear.	Clarinete.
Clarecer.	Clarinetista.
Clarificar.	Clamar.

Clamor.
Clamamiento.
Clamoreo.
Clamoroso, sa.
Clamorear.
Aclamar.
Aclamación.
Aclamador.
Aclarar.
Aclaración.
Declamar.
Declamación.
Declamador.
Declamatorio, ia.
Declarar.
Declaración.
Declarador, ra.
Declarable.
Declarativo, va.
Declarante.
Exclamar.
Exclamación.

Exclamable.
Exclamativo, va.
Esclarecer.
Esclarecimiento.
Esclarecido, da.
Preclaro, ra,
Preclaramente.
Proclamar.
Proclamación.
Proclamo.
Proclamador.
Proclamable.
Reclamar.
Reclamación.
Reclamable.
Reclamante.
Reclame.
Reclamo.
Reclamativo, va.
Llamar.
Llamamiento.
Llamador.

El hombre vió que al efecto de la luz se llama claridad, porque se percibe la viveza de este hermoso elemento, tal vez acompañada de un ruido imaginario; luego vió, no vió sino que oyó una voz penetrante, que era clara, emitida con esfuerzo, y la llamó clamor, y de aquí los verbos *declamar*, *exclamar*, *proclamar* y *reclamar*, que connotan la idea de *clamar*, invocar con aditamento de la significación respectiva de los prefijos.

Todo grande hombre, todo ser elevado, antiguamente se le creía digno de habitar en las regiones de la *claridad* ó de la luz, y por esto se les dió el renombre de *ilustre*; ¿y por qué no darle el título de *preclaro* ó *esclarecido*? Es incalculable el tiempo que pasaría desde que se inventó el vocablo *claridad*, hasta que el hombre *proclamara* sus derechos por todo el orbe, ahora casi completamente civilizado.

Quinto ejercicio.

De la palabra *novus*, *i*, lo nuevo, constituída por la raíz *not* de *nam*, que da la idea de conocimiento, se forma el verbo *nun-tio*, *nun-tiavi*, *nuntia-tum*, anunciar, dar á conocer. Ahora bien; de las variantes de *not* que son *nov* y *num* obtenemos la siguiente familia etimológica:

Nueva.

Nuevo, va.

Nuevamente.

Novedad.

Novedoso, sa.

Noviazgo.

Novísimo, ma.

Novato, ta.

Novel.

Novela.

Novelista.

Novelesco, ca.

Novio.

Novia.

Novicio, ia

Noviciado.

Novillo.

Novillada.

Novilunio.

Nuncio.

Anunciar.

Anuncia.

Anuncio.

Anunciación.

Anunciador, ra.

Anunciante.

Denunciar.

Denunciación.

Denuncia.

Denunciable.

Denunciador, ra.

Denunciativo, va.

Denunciamiento.

Enunciar.

Enunciación.

Enunciador, ra.

Enunciativo, va.

Enunciable.

Enunciado, da.

Innovar.

Innovación.

Innovador, ra.

Innovadamente.

Pronunciar.

Pronunciación.

Pronunciable.

Renunciar.

Renuncia.

Renunciador, ra.

Renunciación.

Renunciable.

Renovar.

Renovación.

Renovador, ra.

Renovante.

Renovable.

La raíz *not* que estudiaremos más adelante, se modifica

2.

en *nun* y *nov*, la que manifestada en estas dos últimas formas, existe como núcleo ideológico y formativo en las palabras de la derivación precedente.

Lo *nuevo* constituye una *noción*, la *novedad* una *noticia* de algo, lo mismo que el *anuncio* y la *anunciación*. Un *anuncio* no es otra cosa que un aviso ó una *noticia* ante la ley. Figúrese el lector el espacio de tiempo que mediaría entre la *novedad* y el *conocimiento*, entre el anuncio y la novela histórica ó de costumbres. ¡Ah! ¡qué glorioso es contemplar de relieve el espléndido artificio de las palabras!

Sexto ejercicio.

Testa para los habitantes del *Latium* significó cabeza, vasija de barro, tal vez porque tenía la forma de la cabeza; de ahí se engendró el verbo *test-ificor, aris, test-ificatus, ari*, atestiguar, declarar, que para hacerlo, se necesita cabeza, inteligencia. Observe el lector, como en la derivación que presentamos, muchas voces expresan fenómeno-mentales.

Testa.	Testimonio.
Testar.	Testimonial.
Testación.	Atestar.
Testado, da.	Atestación.
Testador, ra.	Atestado, da.
Testamentaría.	Atestador, ra.
Testante.	Atestadura.
Testamentificación.	Atestamiento.
Testarudo, da.	Atestiguar.
Testículo.	Atestiguación.
Testigo.	Atestiguado, da.
Testificar.	Contestar.
Testificación.	Contestación.
Testificable.	Contestable.
Testificante.	Contestado, da.
Testificata.	Contestador, ra.
Testificativo, va.	Conteste.
Testimoniar.	Contestativo, va.

Incontestable.

Incontestablemente.

Intestado, da.

Intestadamente.

Detestar.

Detestación.

Detestable.

Detestablemente.

Protestar.

Protesta.

Protestación.

Protesto.

Protestativo, va.

Protestante.

Pretexto.

Retestar.

Retestación.

Tostón (moneda de á 50 c. en Metz).

El latin *testa*, cabeza, tomado en un sentido metafórico, representó la idea de afirmación de juicio, de raciocinio, y de esta sinécdoque nacieron las palabras *testigo*, *testar*, *testificar*, *testimonio*, *testamento*, *testamentaria* y *atestiguar*.

A todo aquél que insiste con terquedad al afirmar una idea cualquiera, aunque sea absurda, se le llama *testarudo*.

Se observó que el cráneo, que la *testa* tiene cierta dureza y cuando se conocieron ciertos animales cubiertos bajo una concha ó corteza más ó menos dura, se les denominó testáceos.

Detestar es aborrecer, como si dijéramos, lanzar algo de la testa, borrar á alguien de la mente, no ocuparse de la cosa ó persona aborrecida, esto es, efectuar el más sangriento de todos los odios, y la más ruin de todas las injurias.

Contestar, es declarar, afirmar algo, casi como testificar.

Una *protesta* es una aclaración que se hace para no perjudicar el derecho que uno tiene.

Hé aquí, atento lector, explicadas, según nuestras pobres aptitudes, las palabras que se derivan del latín *testa*.

Séptimo ejercicio.

Vox en latín significa voz, palabra de donde los romanos formularon el verbo *voc-o*, *voc-avi*, *voc-atum*, *voc-are*, llamar, nombrar, dar nombre á las cosas, traer, etc. Esta raíz entra en la composición de las palabras siguientes. La significación, aunque modificada á influjos de las partículas persiste en todas ellas.

Voz.
Vocablo.
Vocabulario.
Vocabularista.
Vocal.
Vocalmente.
Vocativo.
Vocación.
Vocalizar.
Vocalización
Vocalizador, ra.
Vocalizable.
Vocear.
Voceador, ra.
Vocería.
Vociferar.
Vociferación.
Vociferador, ra.
Vocinglero, ra.
Advocar (abogar).
Abogado.
Advocación.
Convocar.
Convocación.
Convocable.
Convocador, ra.
Convocante.
Convocativo, va.
Convocatoria.
Convocatorio, ia.
Evocar.
Evocación.
Evocador, ra.
Evocable.
Evocativo, va.

Evocadamente.
Equivocar.
Equivocación.
Equívoco.
Equivocadamente.
Equivocable.
Inequívoco, ca.
Invocar.
Invocación.
Invocador, ra.
Invocable.
Invocatoria.
Invocatorio, ia.
Invocadamente.
Provocar.
Provocación.
Provocador, ra.
Provocable.
Provocante.
Provocamiento.
Provocativo, va
Provocativamente,
Revocar.
Revocación.
Revocador, ra.
Revocable.
Revocante.
Revocativo, va.
Revocatorio, ia.
Revocablemente.
Irrevocable.
Irrevocablemente.
Votar.
Voto.
Votación.

Votante.

Devoción.

Devoto, ta.

Devocionario.

Devocionario, ia.

Devotamente.

Indevoto, ta.

Indevotamente.

La raíz que prevalece en las palabras que hemos derivado, de la que fácilmente puede sentirse la significación, modificada por distintas partículas prepositivas y pospositivas, se deriva del sanscrito *vak*, hablar. Esto está en consonancia con lo expuesto por sabios filólogos, de que las lenguas en su infancia fueron un conjunto de sonidos, de gritos, de interjecciones monosilábicas, de *voces*, de manera que la voz fué el habla, la palabra, allá en la niñez de las lenguas; hoy en las postrimerías de este siglo, la *voz* ya no es palabra, sino un sonido humano, una nota de cualquier instrumento musical, un canto, tal vez el de nuestras dichas; pues, como dice Roque Barcia, « la voz viene de un órgano, la palabra de un espíritu. » *Vocablo* es la voz de los seres racionales; *voz* puede ser el rumor de la turba multa, como también el acento que los animales emiten. El autor á que hacemos referencia agrega: « El vocablo es el hombre, la voz el bruto ».

Evocar es llamar con voces, ardientemente.

Vocación es un grito, una voz interior.

Vocal, un sonido de nuestra lengua.

Hechas estas aseveraciones, fácil es interiorizarse del sentido de las palabras derivadas en las que prevalece la significación real ó figurada de la raíz *vak*, lat. *voc*.

Octavo ejercicio.

Del sanscrito *vhan* de donde se deriva el verbo latino *ven-io*, *ven-is*, *ven-ire*, llegar, venir, tenemos las siguientes palabras:

Venir.

Venida.

Venidero.

Vena.

Venoso, sa.

Venero.

Venerio, ia.

Veneno.

Venenoso, sa.

Ventura.

Venturoso, sa.
Venturosamente.
Ventaja.
Ventajoso, sa.
Ventajosamente.
Avenir,
Avenida.
Advenir.
Advenimiento.
Advenedizo, za.
Aventajar.
Aventajado, da.
Avantajadamente.
Aventurar.
Aventurado, da.
Aventuradamente.
Convenir.
Conveniencia.
Convenido, da.
Convenio.
Convento.
Conventural.
Conveniente.
Convenientemente.
Convenienciero, ra.
Contravenir.
Contravenimiento.
Desavenir.
Desavenencia.
Desconvenir.
Desconvenencia.
Desventaja.
Desventajoso, sa.
Desventajosamente.
Desventura.
Desventurado, da.
Desventuradamente.

Evento.
Eventual.
Eventulidad.
Eventualmente.
Eventualizar.
Inventar.
Invento.
Invención.
Inventor, ra.
Inventivo, va.
Inventiva.
Inventariar.
Inventario.
Inconveniente.
Inconvenientemente.
Inconveniencia.
Intervenir.
Intervención.
Interventor.
Prevenir.
Prevención.
Prevenido, da.
Prevenidamente.
Preventivo.
Preventivo, va.
Porvenir.
Provenir.
Provento.
Revenir-se.
Reconvenir.
Reconvención.
Sobrevenir.
Sobrevenida.
Subvencionar.
Subvención.
Subvencionado, da.

La raíz *ven* ó *vent*, del latin, que da lugar á la derivación anterior, connota la idea de llegar ó venir.

El hombre notó, dice Barcia, que por las *venas* iba y venía la sangre y les dió este nombre. Nosotros decimos que el hombre en la marcha de su perfeccionamento llegó, sin que lo guiara brújula ni timón, á descubrir ciertos aparatos mecánicos, al conocimiento de cosas útiles; llegó á adquirir procedimientos fáciles para la especulación de las ciencias y de las artes, debido todo al acaso, y por vías inciertas, aunque exactas. A esta llegada, á este arribo de la inteligencia ó del ingenio, se le llamó *invento* ó *invención*. Llega un suceso cualquiera, es decir, viene, y se le bautiza con el nombre de *evento* ó eventualidad.

Muchas personas llegan á un punto lógico cualquiera, á la aprobación de una resolución, y entonces *conviene* en aquello.

Ventura no es sino un arribo de la felicidad. Creemos que la inteligencia del lector abarcará el conocimiento absoluto de las voces concerniente á esta familia etimológica.

Noveno ejercoio.

Los latinos derivaron de griego *pous*, *podos*, pié las palabras *pes*, *pedis* y de las raices de estas dos palabras se han engendrado en el idioma español las voces:

Pié.	Pasado, da,
Pierna.	Pasable.
Pernada.	Pasadizo.
Pedestre.	Pase.
Pedal.	Pasaporte.
Pedestal.	Pata.
Peana.	Patata.
Pasar.	Pato.
Pasear-se.	Patán.
Pasaje.	Patalear.
Pasajero.	Patatús.
Paso.	Pisar.
Paseo.	Piso.

Pieza.

Pedazo.

Patín.

Patinar.

Patrulla.

Patrullar.

Pedir.

Pedido.

Petición.

Pedidor.

Pedimiento.

Despedir.

Despedida.

Despedimiento,

Despachar.

Despacho.

Despedazar.

Despedacimiento.

Compás.

Compasar.

Descompasar.

Empezar.

Empiezo.

Empezado, da.

Empachar.

Empacho.

Empatar.

Empate.

Expedir

Expedición.

Expedimiento.

Expedible.

Expediente.

Expedito, ta.

Expeditamente.

Impedir.

Impedimento.

Impediente.

Impedido, da.

Repasar.

Repaso.

Traspasar.

Traspaso.

Traspasamiento.

Traspasable.

Traspasativo, va.

Apear.

Apeamiento.

Apeo.

Poyo.

Apoyar.

Apoyo.

Tropezar.

Tropiezo.

Despernar.

Peón.

Peonaje.

Peal.

Zapato.

Zapatería.

Zapatero.

Zapetear

Trípode.

Antípoda.

Puntapié

Podar.

Poda.

Podador.

Supiso.

Pista.

De ambas raíces griega y latina, hemos derivado cerca de cien palabras. ¡Creación sorprendente!

Despedir fué arrojar á alguno con el pié, según la educación fetiquista, si es que se puede así llamarla.

Empezar, es poner el pié en la vía de cualquier obra ó asunto, como puede ponerse la mano.

Pedir es marchar por algo, dirigirse á alguien para la donación de cualquiera gracia, de la misma manera que se hiciera una *demanda* (del pref. *de* y el lat. *manus*, mano) ó petición, que para el *pedir ;* según el sentir de aquellos inocentes tiempos, era lo mismo hacerlo con el pié que con la mano.

Las cosas, cuando avanzan, cuando marchan bien, se hacen expeditas, y cuando se envía ó se hace marchar un escrito, lleva éste el nombre de *expediente*.

Tropezar es dar con el pié sobre ó contra un obstáculo cualquiera.

Pedazo es una parte de un todo material; *pieza* tiene el mismo sentido metafórico.

Paso es una unidad de medida, como es el pié; *poyo* es un banquillo sobre el cual se coloca el pié; de aquí *pasar, pasear, apoyarse*, etc.

Piso, es el suelo *hollado* por el pie; pisar, etc.

Al bajarse de una cabalgadura cualquier jinete, se dice que éste se apea (apearse del caballo).

Hemos tomado gran número de palabras en este ejercicio de la obra titulada *Formación de la lengua castellana*, por R. Barcia, no sin enriquecer el estudio de tan profundo filólogo con la investigación de nuevos términos que pertenecen á la misma familia etimológica.

El referido escritor, después de explayarse en consideraciones fisológicas al estudiar esta raíz, nos hace ver más de cuarenta relaciones de significación; nosotros no podríamos añadir nada, por lo que respecta á explicaciones, pues las de Barcia son tan satisfactorias como luminosas.

Décimo ejercicio.

La raíz sánscrita *jis* fuerza, vigor, vida, ha dado lugar á engendrar en el latín las palabras *vita*, vida, y el verbo *viv-o, viv-is, victum, viv-ere*, vivir, existir; de la raiz de estas dos palabras (*viv, vit*, modificación vid), se originan las voces que nos concierne estudiar en el presente ejercicio.

Vida.
Vivir.
Vivo, va.
Vivible.
Vivaz.
Vivacidad.
Viveza.
Vívido, da.
Vividor, ra.
Viviente.
Víveres.
Vivienda.
Vivandero.
Vital.
Vitalidad.
Vitalizar.
Vitalicio, ia.
Vitalismo.
Vitalizable.
Vitalización.
Vitalmente.
Vitalizador, ra.
Vivificar.
Vivificación.
Vivificador, ra.
Vificante.
Vivificable.
Vivificativo, va.
Vivíparo, ra.
Avivar.
Avidez.
Avivado, da.
Avivadamente.
Avido, da.
Convidar.
Convite.
Convidado, da.
Convidador, ra.

Desvivirse.
Desvivimiento.
Revivir.
Revivificar.
Revivificación.
Revivificativo, va.
Revivificador.
Revivificable.
Sobrevivir.
Sobrevivimiento.
Sobrevividor, ra.
Sobreviviente.
Evitar.
Evitación.
Evitable.
Evitablemente.
Envidiar.
Envidia.
Envidioso, sa.
Envidiosamente.
Envidiable.
Invitar.
Invitación.
Invitable.
Invitador, ra.
Invitadamente.
Inevitabilidad.
Inevitable.
Inevitablemente.
Vicio.
Vicioso, sa.
Viciosamente.
Viciar-se.
Enviciar-se.
Enviciado, da.
Violar.
Violador.
Violencia.

Violación.

Violento, ta.

Violentamente.

Violentar.

Inviolable.

Inviolablemente.

Inviolabilidad.

La raíz *fis*, griego, fuerza, ha pasado al latín en *vis* (véase la V de nuestro cap. III); de aquí se origina la palabra latina *vita*, vida. *Invitar* es vocablo más latino que *convidar*. *Envidia* es ambicionar algo de las acciones ó cualidades de una persona que las tiene porque vive.

La idea de vivir connotada en los vocablos de nuestra lista, fácilmente se percibe; por lo que no necesita el lector de más explicaciones, que tal vez fatiguen su benévola atención.

Undécimo ejercicio.

Del sánscrito *cras,* que da la idea de vida, desarrollo, existencia, se formaron los verbos latinos *cresco, cretum, crescere* y *credo, credidi, cretum, credere,* crecer y creer; de ambos echamos mano para manifestar en el presente ejercicio la mayor parte de las palabras que han sido formadas por las raíces de estos verbos.

Crecer.

Crecencia.

Creces.

Crecimiento.

Creciente.

Crecido, da.

Crecidamente.

Decrecer.

Decreciente.

Decrecimiento.

Excrecencia.

Incrementación.

Crear.

Creación.

Creador, ra.

Creable.

Creativo, va.

Procrear.

Procreación.

Procreador, ra.

Recrear.

Recreación.

Recreo.

Recreable.

Recreativo, va.

Recreativamente.

Criar.

Criador, ra.

Crianza.

Criadero.

Criatura.

Criada.

Criado, da.	Incredulidad.
Creer.	Incrédulo, la.
Creencia.	Increible.
Credo.	Increiblemente.
Creíble.	Acreditar.
Creiblemente.	Acreedor.
Creido, da.	Acreditado, da.
Credulidad.	Desacreditar.
Crédulo, la.	Desacreditado, da.
Credencial.	Descrédito.
Crédito.	

La existencia fué, es decir, *se creó*, se engendró, porque era imposible que los seres, las cosas creadas existieran sin las condiciones necesarias de crecimiento : he aquí las relaciones filosóficas de estas dos palabras: *crear* y *crecer;* porque la *creación* trae por fuerza el crecimiento, de la misma manera que todo nacimiento trae por fuerza la vida; porque lo *increado* no vive y lo *creado* existe, *crece.* Esta verdad absoluta nos la muestra palpable la etimología de *crear,* que es la etimología de crecer.

La verdad se ve, todo lo que existe se palpa, lo cual equivale á decir que se palpa todo lo que ha sido *creado,* todo lo que *crece* y se desarrolla. Estas dos verdades deben *creerse,* de lo contrario no existiéramos ó no hubiéramos sido *creados;* es decir que la *creación crece,* que lo que *crece* existe, que lo que existe es realidad, que es la infinita *creación* material ó subjetiva, so pena de ser transformados al no ser.

¿Y quién iba á suponer que la *incredulidad* existiera, sólo porque existe la palabra *creación,* que es crecimiento y vida? Pues es claro, porque si no existiera la *creatura,* no existieran ni el *crecimiento* ni la *credulidad;* y si hay *credulidad* es posible y exacto que hayan *crédulos, creyentes* é incrédulos.

Por lo tanto debe *creerse* en todo lo que crece, que es la *creación* que nunca muere.

Duodécimo ejercicio.

Veh-o, vectum, veh-ere, significa ir, marchar, caminar;

este verbo es derivado de la raíz sánscrita *vagh*, que da la idea de ir, marchar; atienda el lector á las explicaciones que acerca de los cambios literales de esta raíz y los de significación vamos á exponerle.

Vía.

Viaje.

Viajero.

Viajar.

Villa.

Villar.

Villano.

Villanía.

Vecino.

Vecindad.

Vecindaje.

Vigilar.

Vigía.

Vigilante.

Vigilia.

Vigilancia.

Vehículo.

Veloz.

Velocidad.

Velocipedo.

Velodromo.

Velamen.

Vela.

Velar.

Velada.

Velete.

Velación.

Velador.

Desvelar.

Desvelada.

Desvelo.

Desvelador.

Vereda.

Vericueto.

Vehemencia.

Vehemente.

Vehementemente.

Vil.

Vilmente.

Vileza.

Villano, na.

Villania.

Vilipendiar.

Vilipendio.

Vilipendioso, sa.

Vellaco, ca.

Vellaqueria.

Aviar.

Avios.

Desviar.

Desvio.

Desviación.

Desviar-se.

Desviable.

Enviar.

Envío.

Enviación.

Enviador.

Enviable.

Extraviar.

Extravio.

Extravagancia.

Extravagante.

Obviar.

Obviedad.

Obvio, ia.

Provecho.

Provechoso, sa.

Provechosamente.
Aprovechar.
Aprovechamiento.
Desaprovechar.
Revelar.
Revelación.
Vahído.
Vaho.
Vagar.
Vago, ga.
Vagancia.
Vagabundo.
Vaguedad.

Divagar.
Divagancia.
Vagón.
Tranvía.
Vector.
Vectación.
Vejez.
Viejo, ja.
Vejancón.
Trivialidad.
Trivial.
Trivialmente.

Fecunda es la raíz *vehere* latina, ir, marchar. La vía ó el camino conduce á la ciudad, por eso la llaman así los descendientes de la raza latina, por eso designan á la ciudad *villa*. El bajo pueblo de la *villa* es *villano*; tiene, á pesar de lo que han dicho muchos poetas de magno estro, de sus costumbres, *villanía* ó *vileza* aunque muchas de ellas no sean viles. Las *velas* de los navíos sirven para que éstos marchen (*vehere*), de aquí la razón por la cual así se les designe.

Las luces son portátiles, se llevan como el fósforo (griego *fos*, luz, y *fero* llevar) y de aquí la significación que tienen las bugías (*velas*).

Velar, es pasar la noche observando algo (con la luz naturalmente), con la *vela*, por esta causa ó circunstancia se dice que se *vela* ó *vigila* la niñez, la juventud, etc.

Aprovechar, es avanzar en alguna cosa, marchar ó adelantar en algún ramo, cuya marcha ó adelanto producen *provecho*, del prov. pref. y *vectus* participio de *vehere*.

Vagar de *vehere*, cuya raíz es *veh*, *vehg*, ó *vagh* (sánscrita), con la pronunciación natural de la *h*, j ó g, que conservamos nosotros en *vagar*; de aquí *vagancia*, *vago*, *vagabundo*.

Vaho es el aliento que se va ó se dilata de nuestra boca; vahído, etc.

Viejos son todos aquellos que han avanzado en el áspero camino ó *vía* de la existencia.

Razones para explicarnos la causa de la existencia de los vocablos que anteceden, son éstas, á la par que sencillas, incontestables y justas.

Décimo tercero ejercicio.

Dam es raíz sánscrita que significa señor; no hay duda de que de esta raíz se derivaron las palabras *dom-us*, casa, habitacion y *dom-inus*, señor, porque es natural suponer que el señor, el jefe, dueño de casas y esclavos tuviera una casa, una habitación en aquella época fetiquista ó época de salvajismo. Pero si la raíz *dam* ó *dom* ha formado estas dos voces latinas, prescindiendo de otras muchas, veamos ahora las que en la lengua española de esta misma raíz han sido formadas.

Domar.	Domesticidad.
Domadura.	Doméstico, ca.
Domable.	Domésticamente.
Dominar.	Indomesticable.
Dómine.	Indomesticado, da.
Dominante.	Adomicillar-se.
Dominador, ra.	Condominio.
Dominatriz.	Indomado, da.
Dominación.	Indómito, ta.
Dominativo, va.	Predominar.
Domiciliar.	Predominación.
Domicilio.	Predominante.
Domingo.	Predominancia.
Dominguero.	Predominio.
Dominal.	Dueño, ña.
Dominico, ca.	Adueñar-se.
Dominical.	Don (tratamiento personal)
Dominio.	Doña.
Dominó.	Doncella.
Domesticar.	Dama.
Domesticación.	Madama.
Domesticable.	Donar.
Domesticador, ra.	Donación.

Donante .	Dote.
Don (dádiva).	Dotador, ra.
Donativo, va.	Perdonar.
Dotar.	Perdón.
Dotación.	

El griego *domos* derivado de (dam) ó el latin *domus* connotan la idea de habitación, casa, *domicilio;* pero conviene saber que en la casa existe un gobierno que es el origen de todos los gobiernos y el cual está representado por el *dominus*, el señor, el jefe de la familia; de *domus* se ha formado *dominus*.

El domingo es un dia consagrado al *dominus* autor de todos los seres.

Para los trabajos de la casa, del *domus*, se necesita una servidumbre que esté constituída por uno ó varios criados de la misma, es decir, *domésticos*; pero también se necesitan animales acondicionados al uso *doméstico*, para que formen parte del *domicilio* en que habita una familia; pues preciso es sujetar al bruto, que es cosa útil, regirlo, gobernarlo, domarlo... ¡Ah! *domar* viene de *domus*; y si el *dominus* y la *damna*, son los poseedores de los haberes de la casa, se llaman *dueños* (latin *dominus* y *damna*) dueño, dueña. Internándonos por los ocultos parajes de la lengua, hallamos que la raíz *dom* de *didomai*, verbo griego que significa *dar*, es la misma *dom* de *dominus*.

Además, para mayor abundamiento de nuestra aserción decimos que el que da, es porque tiene; y siendo exclusivamente el *Dominus* ó la *Damna*, el *Don* ó la *Doña* los únicos dueños de las riquezas, dábanlas, cuando les venía á capricho, en reducidas proporciones á los domésticos ó esclavos con un fin quizá caritativo, si es que pudo existir caridad del señor para con el esclavo.

Décimo cuarto ejercicio.

Spand del sánscrito da la idea de pesar y expansión, y en sentido figurado, la idea de sufrimiento, de ahí se formó el verbo latino *pendeo, pependi, pensum, pendere,* pesar, examinar.

Pensar.
Pensamiento.
Pensador, ra.
Pensativo, va
Pensable.
Pensado, da.
Pensil.
Pensión.
Pensionar.
Pensionista.
Pensionable.
Pesar.
Peso.
El pesar.
Pesadumbre.
Pesantez.
Pesado, da.
Pesadamente.
Pésame.
Pesadez.
Pesada.
Pender.
Pendón.
Péndulo.
Péndola.
Pendiente.
Pendenciar.
Pendencia.
Pendenciero, ra.
Apéndice.
Apendicitis.
Apesarar.
Compensar.
Compensación.
Compensable.
Compensador, ra.
Compendiar.
Compendio.

Compendioso, sa.
Compendiosamente.
Depender.
Dependencia.
Dependiente.
Despensa.
Dispensar.
Dispensa.
Dispensador, ra.
Dispensable.
Dispencioso, sa.
Espesar
Espeso, sa.
Espesor.
Espesura.
Expender.
Expensas.
Expendedor.
Expendio.
Expandir-se.
Expansión.
Expansivo, va.
Expansivamente.
Espantar.
Espanto.
Espantoso, sa.
Espantable.
Espantajo
Esparcir.
Esparcimiento.
Independencia.
Independiente.
Independenciar-se.
Independizable.
Indispensable.
Indispensablemente.
Impensado, da.
Impensadamente.

Propender.
Propensión.
Propenso, sa.
Recompensar.
Recompensa.
Recompensable.
Suspender.
Suspensión.
Suspenso, sa.
Suspensivo, va.
Suspensible.
Ponderar.
Ponderación.
Ponderable,
Imponderable.
Responder.

Responsable,
Responsabilidad.
Responsablemente.
Corresponder.
Correspondencia.
Correspondiente.
Correspondientemente.
Pandillo.
Pando, da.
Bando.
Bandera.
Banda.
Bandido.
Bandada.
Bandidaje.

Pendere es pesar; el participio de este verbo es *pensus*, pesado.

Al pensar se pesan las ideas en la balanza del juicio: y lo pesado es el *pensamiento*.

Si tenemos *pensar*, tenemos de la misma manera *compensar*, *dispensar*, y *recompensar*; pues la *recompensa* está constituida en pesos, muchas veces del águila (moneda); la *despensa* es el lugar en donde se distribuyen *pesados* los alimentos ó comestibles.

Dispensar es quitar el *peso* de una falta cometida, otorgar alguna gracia constituida en pesos ó pensiones, que son otras tantas *recompensas* del trabajo ó servicios prestados. Muchas veces las *recompensas*, evaluadas en pesos (porque las recompensas son *pesos* y el dinero se paga con el dinero), no se pueden pagar sino con otras recompensas, de cariño, de amor, de humanidad. ¡ Oh filosofía de la palabra, faro luminoso de toda verdad !

Pender es estar colgado de algo como el *péndulo*, que es un *peso* que obedece á las leyes de la gravedad ó *pesantez*: de aquí *pendiente*, *dependiente*, *pendencia* y *dependencia*; y cuando los pueblos destruyen la *dependencia*, con la cual la humana tiranía oprime encarnizadamente la libertad, almo derecho del hombre, estos pueblos efectúan la más noble y legítima vindicación: la *Independencia*. Y cuando alguien contesta á la interpelación que se le hace, *responde*: coloca pesos, digámoslo así, en la balanza de las ideas ó *pensamientos* del otro, para que la equidad ó la razón juzgue y falle. He aquí las palabras *responder* y *respuesta*, que siempre debe ser razonada; si no, no tuviera peso, no tendría ese nombre.

Corresponder es pagar con *pesos* algún favor ó beneficio. Hoy, aunque raramente se corresponde con gratitud, con mucha frecuencia se paga con un *gracias* de relumbrón ó con unas cuantas monedas.

Ponderar es pensar, aunque con demasiado peso ó exageración.

Espeso, espesa es la cualidad de un líquido más ó menos condensado, el cual aumenta do *peso*, aunque sea ésto muchas veces inexacto.

Suspender, es colgar un *peso* de algo que es fijo como el péndulo, ó quedar quieto como éste.

Pensión es una cantidad de *pesos* acordada á alguna persona en recompensa de algún beneficio.

Expender es vender con *pesos* ó balanzas las mercancías.

Pesar, pesadumbre son *pesos* que soporta la conciencia ó el corazón que sufren. El hombre, al forjar el lenguaje, ha efectuado grandes lucubraciones, ha establecido mil y mil relaciones con una sola idea ; en la de peso, son muchas ; pero ¡cuántos siglos, cuántas desgracias, cuántos trastornos físicos ha sufrido, para llevar en su frente la esplendorosa diadema del arte, de la ciencia, del genio!

Décimo quinto ejercicio.

Si en sánscrito se expresaba la idea de verter los líquidos con la palabra *vart*, los de Latium se valieron de esta palabra para representar fielmente la idea verbal de esta acción y crearon el verbo *vert-o, is, vers-um, vertere*, verter, trastornar, trasladar, cuya familia de derivados es como á continuación se expresa.

Verter.	Versión.
Vertiente.	Verso.

Versista.
Versar.
Versamiento.
Versátil.
Versiculo.
Vértebra.
Vertebral.
Vertibilidad.
Vertible.
Vertical.
Vértice.
Verticalmente.
Verbo.
Verbosidad.
Verbal.
Vervalmente.
Adverbio.
Adverbial.
Adverbialmente.
Aversar.
Aversión.
Adverso, sa.
Adversidad.
Adversario.
Adversativo, va.
Advertir.
Advertencia.
Advertimiento.
Advertido, da.
Advertidamente.
Conversar.
Converso.
Conversación.
Conversador, ra.
Converso, sa.
Conversión.
Convertir.
Convertido, da.

Convertidor.
Convertiente.
Convertimiento.
Divertir-se.
Diversión.
Divertimiento.
Divertido, da.
Diversar.
Diverso, sa.
Diversidad.
Invertir
Inverso.
Inversión.
Inversional.
Invertible.
Invertidor, ra.
Invertido, da.
Pervertir.
Perverso, sa.
Perversión.
Pervertido, da.
Pervertidor.
Pervertible.
Suvertir.
Suversión.
Suversivo, va.
Transvertir.
Transverso, sa.
Transversión.
Transversal.
Contravertir.
Contraversia.
Contraversista.
Versificar.
Versificación.
Versificador.
Diversificar.
Diversificación.

Diversificable.   Atravesamiento.
Anverso.   Atravesado, da.
Reverso.   Converger.
Través.   Convergencia.
Travesía.   Diverger.
Travieso, sa.   Divergencia.
Travesura.

La raíz latina *vers* ó *vert* connota la idea de *verter* los líquidos, es decir, trasladarlos de un recipiente á otro ; pero el líquido que se *vierte*, obedeciendo á las leyes de la gravedad, tiene que seguir todos los puntos de la proyección de una *vertical*; he aquí el nacimiento de esta palabra. El *verso* se llama así, no sólo porque la idea se *vierte* en el espléndido molde de la forma ó rima, sino porque es una línea que para ser horizontal necesita la *verticalidad* que venga á determinarla ; por lo tanto, verso significa línea; *versal* es hallarse, en cualquier cosa, las mismas condiciones que en otra con la cual se compara ; de lo contrario, la cosa es *diversa*.

Se observó que las desgracias daban la vuelta, volvían con séquito de trastornos, y encerrando la idea de volver ó voltear, *versus*, se dijo *adversidad* y *adversario*.

Con estas explicaciones de la raíz *vert* ó *vers* creemos que el lector se verá plenamente poseído de la significacación de cada una de las palabras anotadas, que no es otra, sino la constante de la primitiva raíz con modificaciones de partículas iniciales.

Décimo sexto ejercicio.

La raíz *spac* sánscrita da la idea de mirar ú observar y ¿quién no admite, por más ajeno que sea á los estudios filológicos, que de esta raíz se sirvió el pueblo romano para formar el verbo *spicere*, mirar, ó bien el sinónimo de este mismo verbo como es el igualmente latino *specio, specis, spexi, specium, specere*, cuya significación es la misma?

Aspecto.   Espacioso, sa.
Despacio.   Espaciosamente.
Espacio.   Especie.

Especial.
Especialidad.
Especia.
Especializar.
Especialista.
Especialmente.
Especificar.
Específico.
Especificación.
Especificador.
Especificable.
Espécimen.
Espectáculo.
Espectador.
Espectro.
Espectativa.
Espectación.
Espectable.
Espectante.
Espejo.
Espejear.
Espejismo.
Espejería.
Especular.
Especulación.
Especulador.
Especulativo, va.
Despechar.
Despecho.
Despejar.
Despejador.
Despejado, da.
Despejadamente.
Inspeccionar.
Inspección.
Inspeccionable.
Inspector.
Inspeccionadamente.

Perspectivo.
Perspectiva.
Perpiscaz.
Perpicacia.
Perpicazmente.
Perspicuidad.
Conspicuo, ua.
Prosperar.
Prospecto.
Prosperidad.
Próspero, ra.
Prósperamente.
Respectar.
Respecto.
Respectabilidad.
Respectivo, va.
Respectivamente.
Respetar.
Respeto.
Respetuoso, sa.
Respetuosamente.
Respetuosidad.
Respetable.
Irrespectabilidad.
Irrespetuoso.
Irrespetuosamente.
Despectivo.
Circunspección.
Circunspecto, ta.
Retrospectiva.
Retrospectivamente.
Sospechar.
Sospecha.
Sospechoso, sa.
Sospechable.
Sospechosamente.
Suspicacidad.
Suspicaz.

Esperar.	Desesperación.
Esperanza.	Desesperable.
Espera.	Espiar.
Esperanzar.	Espía.
Esperable.	Espiador.
Desesperar.	Espionaje.

De la *spac* (sánscrita) existen un sinnúmero de derivados y compuestos en la lengua de Cicerón; mas, para la perfecta comprensión de las palabras derivadas de esta raíz primitiva, en el idioma español, basta examinar la raíz *sp* que encierra la idea de *mirar* en las palabras anteriores.

El *aspecto* no es sino la apariencia de alguna persona ú objeto; es decir, todo aquello que de ella ó de él miramos ú observamos.

La *especie* no es otra cosa que el *aspecto* ó apariencia que es común á varios individuos de una misma naturaleza.

Especular es mirar, meditar, registrar con atención alguna cosa.

Espacio es todo lo que de extensión abarcan nuestras miradas, aunque no haya sido el *espacio*, para el hombre primitivo una extensión sin límites, porque en aquel entonces, debería tener del mismo, muy rudimentarias nociones.

Despejar es hacer que una cosa desaparezca de la vista.

Respetar no es sino mirar con atención á alguien; espiar es mirar con disimulo.

La *sospecha* no es sino un vislumbre por donde se tiende una mirada para la investigación de un hecho.

La *esperanza* es una fija contemplación ó mirada en el cielo del porvenir.

Creemos que el lector se habrá enterado de la significación de *mirar*, que contienen todas las palabras objeto de este ejercicio.

Decimoséptimo ejercicio.

Prehendo, prehendi, prehensum, prehendere, latin, coger, tomar con fuerza es lo mismo que *premo, pressi, pressum, premere,* cuya significación es exactamente igual á la del anterior.

De ambos, siguiendo el sistema de derivación, podemos formar la siguiente lista de vocablos:

Prender.
Prensión.
Prenda.
Prendedor.
Preso, sa.
Prensadura.
Prensar.
Prensa.
Presura.
Presuroso, sa.
Presurosamente.
Aprender.
Aprendedor, ra.
Aprendizaje.
Aprendiz, za.
Aprensión.
Aprensivo, va.
Aprensamiento.
Aprehender.
Aprehensión.
Aprehensible.
Aprehensivo, va.
Aprehensor, ra.
Apresar.
Apresamiento.
Apresador.
Apretar.
Aprieto.
Apretón.
Apretador.
Apretura.
Apretable.
Apretado, da.
Apretadera.
Desapretar.

Desapretable.
Desapretadamente.
Apresurar.
Apresurado, da.
Apresuradamente.
Comprender.
Comprensión.
Comprendimiento.
Comprendedor.
Comprensivo, va.
Comprensible.
Comprensiblemente.
Comprensibilidad.
Comprenso, sa.
Comprimir.
Compresión.
Compresor.
Comprimible.
Desprender.
Desprendimiento.
Desprendido, da.
Desprensar.
Deprimir.
Depresión.
Depresivo, va.
Deprimido, da.
Exprimir.
Exprimidera.
Exprimimiento.
Exprimido, da.
Expresar.
Expresión.
Expresivo, va.
Expreso, sa.
Expresado, da.

Imprimir.

Impresión.

Imprenta.

Impresor.

Impreso, sa.

Imprimible.

Impresionar.

Impresionable.

Impresionadamente.

Incomprensibilidad.

Incomprensiblemente.

Oprimir.

Opresión.

Opresor, ra.

Opreso, sa.

Reprimir.

Represión.

Reprender.

Reprensión.

Reprensivo, va.

Reprensible.

Reprendedor.

Represar.

Represa.

Represalia.

Reprimenda.

Suprimir.

Supresión.

Supresor, ra.

Supreso, sa.

Sorprender.

Sorpresa.

Sorprendente.

Interpretar.

Interpretación.

Intérprete.

Iinterpretador.

Interpretable.

Interpretativo, va.

Interpretadamente.

Prehendere, significa coger, asir, y la palabra *aprehender* no es otra cosa sino hacer *preso* á alguno, de la misma que *aprender* no es sino coger ó asir las ideas con el entendimiento.

Expresar es exprimir la idea como si ésta materialmente sufriese *presiones* para su alumbramiento.

Reprender ó *reprimir* es aprehender la falta de alguno, y por ende cogerla con fuerza, hacerla presa, aunque para ello no hagan falta las casas de reclusión.

Aprehender y *aprender*; el primero, dice Barcia, es hacerlo con las manos, el segundo con la fantasia.

Se vió que para descifrar un jeroglífico, un escrito ó asunto obscuro, se necesitaba hacer fuertes *presiones* ó *apretamientos* con el entendimiento, por lo que se dijo que se *interpretaban*.

Observóse igualmente que era preciso omitir algunas cosas, cogiéndolas ó asiéndolas para su reserva, es decir, *suprimir* lo superfluo; de aquí *supresión*, *supreso*, etc..

Cuando se hurtaba un objeto, porque lo cogían ó tomaban, era probable y seguro que otro presenciara tal acto, y entonces éste *sor-prendía* al ladrón; de aquí vino la *sorpresa*: los ladrones, que son los que cogen los objetos y el dinero, deben quedar *prisioneros* conforme á la filología. Una persona es *áprensiva*, no porque hurte ó coja propiedades, sino porque coge fácilmente las sensaciones que la hacen sufrir. La idea de coger con fuerza ó asir, prevalece en las palabras que anotamos, que son derivadas, simples ó por composición de los verbos latinos predichos, generadores de la presente familia de vocablos.

Décimoctavo ejercicio.

Hablar en griego se dice *legó*, de donde tenemos el *logos*, la palabra; los latinos tienen el verbo *lego, legis, lectum, legere,* hablar, decir, cuyas variantes nos proporcionan un pleno conocimiento de la existencia de las palabras que en seguida anotamos.

Leer.	Legación.
Leído.	Legalidad.
Legible.	Legal.
Ilegible.	Legalmente.
Lector, ra.	Ilegalidad.
Lectura.	Ilegal.
Lección.	Leal.
Léxico.	Lealtad.
Leccionista.	Desleal.
Leyenda.	Deslealdad.
Legendario.	Legalizar.
Legión.	Legitimar.
Legar.	Legitimidad.
Ley.	Legítimo, ma.
Legislar.	Legitimamente.
Legislador, ra.	Ilegitimar.
Legislatura.	Ilegitimidad.
Legislación.	Ilegítimo, ma.
Legista.	Ilegítimamente.
Legislativo, va.	Alegar.

Alegato.
Alegación.
Alegador, ra.
Delegar.
Delegación.
Delegante.
Delegado, da.
Colegir.
Colección.
Colector.
Coleccionar.
Coleccionista.
Colectar.
Colectividad.
Colectivo, va.
Colectivamente.
Colega.
Colegio.
Colegial.
Colegiatura.
Colegislador.
Elegir.
Elección.
Elector, ra.
Electorado.
Electoral.
Electivo, va.
Electo.
Elegibilidad.
Elegible.
Ilegible.
Inteligencia.
Inteligente.
Intelectual.
Intelectualmente.
Relegar.
Relegación.
Relegable.

Relegado, da.
Reelegir.
Reelección.
Reelecto, ta.
Locución.
Locuacidad.
Locuaz.
Locutorio.
Alocución.
Elocución.
Elocuencia.
Elocuente.
Elocuentemente.
Interlocución.
Interlocutor.
Circunloquio.
Elogiar.
Elogio.
Prólogo.
Loco, ca.
Locura.
Predilección.
Predilecto, ta.
Predilectamente.
Privilegiar.
Privilegio.
Privilegiado, da.
Privilegiadamente.
Privilegiativo, va.
Elegancia.
Elegante.
Elegantemente.
Inelegancia.
Inelegante.
Inelegantemente.
Coger.
Cogedura.
Cogido, da.

Encoger-se.	Escogido, da.
Encogimiento.	Escogidamente.
Encogido, da.	Recoger.
Escoger.	Recogido, da.
Escogimiento.	Recogidamente.

El griego *legó* significó la idea de hablar, razonar, porque todo discurso debe ser *lógico*, debe estar razonado, de aquí la gran palabra *logos*, análoga á la no menos grandiosa latina *verbum* (palabra). Esto nos demuestra muy á las claras la significación que conservan las palabras *alegar*, *alegato*, *locuaz*, *locuacidad*, *locutorio*, *alocución*, *elocución*, *circunloquio*.

La ley era para los antiguos lo que se leía, por eso dice Barcia que si lo que antiguamente se *leía* era absurdo, la ley tenía que serlo.

La idea de *ley* y *lectura* persiste en muchas palabras de nuestra derivación. Pero la significación más extensa y predominante en los vocablos derivados de *logos*, es reunir y *escoger*, porque para *leer* las leyes se convocaba al pueblo, y éste se reunía, se colectaba ó coligaba, y porque la ley es para los pueblos un lazo glorioso que los une, aunque frecuentemente es una férrea cadena que los oprime y aniquila.

En virtud de esta metáfora existen, pues, muchos derivados de *logos* que tienen las significaciones de colección y selección.

Pero, ¿qué diremos de la palabra *inteligencia*? Viene de *logos* que es razonamiento, así es que la *inteligencia* es la facultad de la razón.

Elegantes eran las lúcidas ideas y razonamientos; *elegantes* fueron también los elegidos de la fortuna; hoy, *elegantes* son muchos que se empluman con vistosos ropajes como el grajo de la archi-pretérita fábula. ¡Oh sublime pálabra logos! ¡Cuán eterna es tu fuerza procreatriz!

Décimonono ejercicio.

Si los griegos expresaron la idea de percepción por medio del órgano de la visión con la palabra *ops*, ojo, los latinos designaron esta idea con el verbo *vid-eo*, *vid-es*, *vi-di*, *vis-um*, *vid-ere*; más tarde ambas raíces, griega y latina, en el desarrollo natural han venido á expresar, no sólo la significación primitiva de *percibir* los objetos, sino también la de examinarlos, observarlos, significación que encierran algunas palabras derivadas de la predicha raíz, de la que ahora nos ocupamos.

Ver.	Proveer.
Vista.	Proveeduría.
Vistoso, sa.	Provisión.
Visión.	Proveedor.
Visualidad.	Proveído, da.
Visual.	Provisor.
Visionario, ia.	Provisional.
Visaje.	Provisorio, ia.
Visar.	Desproveer.
Visitar.	Desprovisto, ta.
Visitación.	Providenciar.
Visitador.	Providencia.
Visitable.	Providencial.
Avisar.	Providente.
Aviso.	Providentemente.
Avieso, sa.	Impróvido, da.
Avisador.	Impróvidamente.
Avisadamente.	Improvisar.
Divisar.	Improvisación.
Divisa.	Improvisador.
Divisable.	Improviso, sa.
Vidente.	Improvisadamente.
Evidentemente.	Imprever.
Evidencia.	Imprevisión.
Evidenciar.	Imprevisto, ta.
Evidente.	Revisar.
Invisible.	Revisión.
Invisibilidad.	Revista.
Prever.	Revisivo, va.
Previsión.	Revistar.
Previsto, ta.	Revistero.

Vergüenza.	Avergonzadamente.
Vergonzoso, sa.	Desvergüenza.
Vergonzosamente.	Desvergonzado, da.
Avergonzar.	

Ver es percibir los objetos con el órgano de la visión.

Visitar es ir á *ver* á alguna persona ó establecimiento, aunque no se haga con el simple objeto de *ver*.

Avisar es dar alguna noticia sobre cualquier hecho ó suceso que se haya *visto*, del cual se tiene concimiento.

La bandera ó *divisa* de una nación, de un ejército, gremio ó corporación, no es sino una señal que sirve para que se *vea* y se distinga de otras *divisas* conocidas.

Avisado, avisada (adj.) se aplica á una persona de fácil comprensión y tino, como si dijéramos: Fulano es muy *avisado* ó perspicaz.

Prever es *ver* con anterioridad lo que va á suceder, y la persona que esto haga es *previsora* á todos títulos.

Proveer es *ver* desde arriba como la *Providencia*, y como ésta ordena, mamda y dtspone según sus altos juicios (de *Pro*, arriba y *cidere*, ver); también decimos nosotros, *tomar una providencia* (adoptar cualquiera determinación) como si fuéramos dioses.

Improvisar es no ver, no meditar el asunto, la cosa de que se va á hablar; asi es que los grandes poetas improvisan odas á la patria, madrigales á la gentileza de una dama, epitafios á los que fueron, sin echar mano del tiempo, por lo que el modo adverbial « de improviso », es decir, pronta y repentinamente, no conoce el tiempo.

Vergüenza es el pudor que se tiene cuando una persona ve nuestras desnudeces, nuestras faltas ó nuestras miserias.

Quien primero vió los objetos, las bellezas é imperfecciones de la materia, *vería* las variadas relaciones que el acto simple de ver ocasionaría en el lenguaje.

Vigésimo ejercicio.

Tingo, tin-ctum, tin-gere es un verbo que tiene la significación de aclarar, iluminar, mojar ó disolver las sustancias coloridas en agua. De los modos de este verbo de-

rivamos las siguientes palabras, las que llevan cualquiera
acepción del verbo á que hacemos referencia.

Tintar.

Tinta.

Tintero.

Tintura.

Tinte.

Tintorero.

Tintorería.

Tinturar.

Tinterillo (pasante de derecho).

Tina.

Tinaja.

Tinaco.

Tino.

Atinar.

Atinado, da.

Atinadamente.

Desatinar.

Desatino.

Desatinado, da.

Desatinadamente.

Distinguir.

Distinción.

Distintivo, va.

Distinguido, da.

Distinguidamente.

Distinguible.

Distinto, ta.

Distintamente.

Indistinción.

Indistinto, ta.

Indistintamente.

Inextinguible.

Instinto.

Instintivo, va.

Instintivamente.

Extinguir.

Extinción.

Extinto, ta.

Extinguible.

Destintar.

Destinte.

Teñir.

Teñidura.

Teñido, da.

Desteñido, da.

Prestigiar.

Prestigio.

Prestigioso, sa.

Desprestigiar.

Desprestigio.

Desprestigiado, da.

Desprestigiadamente.

Naturalmente que desde aquellos inocentes tiempos hasta
la actualidad, para diferenciar personas ú objetos, iguales
ó semejantes, ha necesitado el hombre valerse de algunas
marcas que, con sustancias coloridas, luminosas ó claras
como las *tinturas* pusieran sobre los objetos ó personas,
para *distinguirlas* de las demás, indudablemente que echa-
ría mano de la *tinta*, y creó esta palabra que subrayamos.
Más tarde la experiencia demostró que no sólo los colo-

res, las joyas, los ricos ropajes deberían ser los *distintivos* del hombre como los *distintivos* de los objetos; sino que era necesario establecer grandes *distinciones* entre el talento y la estulticia, entre la virtud y el vicio, entre la ciencia y la ignorancia; por lo tanto, las personas que presten algún beneficio á la humanidad por su talento, su virtud ó su ciencia son *distinguidas*.

Atinar es dar con el distintivo de alguna idea ó mecanismo de cualquier asunto complicado, es decir hallar la cosa ó idea que se busca; de aquí resulta que el *tino* es la facilidad de acertar con las cosas que se desean y necesitan. *Desatino* es lo contrario.

Se vió que se necesitaban ciertas vasijas para verter las sustancias coloridas, aunque ignorase que estas sustancias eran químicas, y las llamó *tinas*.

Instinto es la *distinción* del animal-hombre y el animal-bruto, y se ha definido como marca constituída por un interior estímulo ó propensión, que determina á los animales á una acción involuntaria y franca.

¡ Quién se supondría, quién creyera, que si no hubiese existido la *tinta*, no tuviéramos en el idioma español, formadas las diferentes palabras de este ejercicio!

¡Portentosa imaginación del hombre que engendra tantas bellezas !

Vigésimo primero ejercicio.

Del griego *Krinó*, juzgar, formaron los latinos el verbo *cerno, cernis, cretum, cernere*, juzgar verbos cuyas variantes tomamos como raíces para la formación de las palabras que á continuación se expresan:

Criticar.	Cernir.
Crítico.	Cernidor, ra.
Criterio.	Cernidura
Critico.	Cernido, da.
Criticón.	Ciernes (en).
Criticable.	Certamen.
Críticamente.	Certeza.
Crítico, ca.	Certero, ra.
Crisis.	Certidumbre.

Cierto, ta.

Ciertamente

Certificar.

Certificación.

Certificado.

Certificativo, va.

Acertar.

Acierto.

Acertijo.

Acertado, da.

Acertadamente.

Desacertar.

Desacierto.

Concernir.

Concernimiento.

Concerniente.

Concernientemente.

Concertar.

Concierto.

Concertamiento.

Concertado, da.

Discernir.

Discernimiento.

Discerniente.

Incierto, ta.

Incertidumbre.

Inciertamente.

Decretar.

Decreto.

Decretable.

Discreción.

Discreto, ta.

Indiscreción.

Indiscreto, ta.

Indiscretamente.

Indiscernible.

Secretar.

Secreto.

Secretario.

Secretaría.

Secreto, ta.

Secretamente.

Criba.

Escrutar.

Escrutinio.

Escrutador.

Escrutabilidad.

Escrutable.

Escudriñar.

Escudriñamiento.

Hipócrita.

Hipocresía.

Hipócritamente.

Crítica es un juicio que se ha formado el hombre de las cosas.

El verbo griego *Krinó* significa separar, dividir ; esta idea está manifiesta en el verbo español *cernir*, que es apartar çon el *cedazo* ó *criba* la harina del salvado ú otra materia reducida á polvo ; con el pref. *dis* tenemos el verbo *discernir* y *discernimiento* que expresan el juicio por medio del cual se distingue ó se separa una cosa de otra ; lo cierto ó la *certeza* es el conocimiento efectuado por el *discernimiento* de las cosas : de aquí *certificar, acertar, concertar, incierto, incertidumbre. Decreto* es la resolución ó

4

discernimiento de la autoridad, el que ha sido efectuado para la promulgación de una orden ó ley.

Una persòna que tiene juicio es *discreta*.

Secreto es lo que se tiene reservado, apartado ó dividido, de *cernere* juzgar, separar ; de aquí *secretario, secretaria.*

Indiscreción es lo dicho de cosas reservadas, las que nadie está autorizado á publicar.

Concreto lo que se aplica á una cosa en sí misma, es decir, considerándola separada ó dividida (cretus).

Concretar es reducir las cosas.

Cer, raíz de *cerno* por metátesis se cambia en *cre* que entra en *concretar, secretar, discreto. Cre,* conmutada en *cru,* viene á formar con el pref. *es* el verbo *escrutar* que significa formarse un juicio de elección por cómputo de votos *secretos.*

¿ Quién se imaginaría que con el verbo *Krinó* se han formado *criba, certeza, decreto, secreto,* hipocresía y escrutinio ?...

Vigésimo segundo ejercicio.

Del griego *cleis,* de donde formó la lengua latina la palabra *clavis,* llave, y de este el verbo *claudere, clusum,* cerrar.

Clave.
Clavar.
Clavo.
Clavazón.
Clavija.
Clavadura.
Clavado, da.
Clavel.
Clavijero.
Clavícula.
Clavicordio.
Clavería.
Clase.
Clásico, ca.
Clasicismo.

Clasificar.
Clasificación.
Clasificado, da.
Clasificable.
Claustro.
Clausurar.
Clausura.
Cláusula.
Clausurado, da.
Acleido, da.
Cónclave.
Concluir.
Conclusión.
Concluído, da.
Conclusivo, va.

Concluyente.
Concluyentemente.
Esclavo, va.
Esclavizar.
Esclavización.
Esclavitud.
Esclaustrar.
Esclaustración.
Excluír.
Exclusiva.
Exclusión.
Exclusive.
Exclusivo, va.
Exclusivismo.
Incluír.
Inclusión.
Inclusive.
Inclusivo, va.
Inclusa.
Incluyente.
Inconcluido, da.
Reclavar.
Recluír.
Reclusión.
Recluso, sa.
Reclutar.
Recluta.
Reclutamiento.
Cerrar.
Cerrajería.
Cerralle (serrallo)
Cerrojo.
Cerradura.
Cerraje.
Encerrar.
Encerrado, da.
Encierro.
Llave.
Llavero.

Roque Barcia, en su admirable obra *Formación de la lengua española*, estudia esta raíz *cleis*; de ella hemos tomado estos derivados, no sin añadir algunos otros nuevos y explicar los cambios literales.

El griego *cleis* significa *clave* que es llave, porque *cl* se conmuta en *ll;* de aquí los ingleses han tomado *key*, los franceses *clef*.

De *cleis* formaron los latinos el *claudere*, cuyo supino es *clussum*, que significa echar la llave.

La *clave* sirve para cerrar, el *clavo* cierra las cajas, cualquier objeto; de aquí el verbo *clavar*, *clavija*, *clavijero*, *clavícula*.

La *clase* es un orden dentro del cual se encierran individuos, seres que tienen una común igualdad ó semejanza de condiciones, cualidades, oficios: de aquí *clasificar*, *clasificación*, *cláusula*, *clasicismo*, *clausurar*, *clausura*, palabras que tienen la idea de cerrar ó echar la *llave*.

Un *claustro* es el lugar en donde están encerradas muchas personas en el servicio de Dios.

Concluir es echar la llave á un asunto ó trabajo, lo cual es terminarlo.

Esclavo es el que vive á perpetuo encierro de su libertad.

Excluir es no encerrar algo, dejarlo libre, exceptuarlo. *Incluir*, lo contrario.

Recluta es el que vive *encerrado* en los cuarteles, que son cuartos, y que en ellos se encierra.

Vigésimo tercer ejercicio.

Mitt-o, mitt-is, mis-i, miss-um, mitt-ere, en la lengua de Virgilio y Cicerón significa enviar, conducir ; la raíz *mitt* ó *mis* cuya última *t* ó *s*, al romancearse la raíz, se ha suprimido, sufriendo el aditamento de prefijos, que el uso ó más bien dicho las necesidades del hombre le ha señalado, viniendo á dar una serie de derivados en pro del desarrollo del idioma que con tanta asiduidad estudiamos.

Meter.	Comisar.
Metedor.	Comisaría.
Misión.	Comisario.
Misionero.	Comisionar.
Misiva.	Comisionista.
Misa.	Comisionado, da.
Mensaje.	Comisario, ia.
Mensajero.	Dimitir.
Admitir.	Dimisión.
Admisión.	Dimitente.
Admisible.	Dimisorio, ia.
Acometer.	Emitir.
Acometida (subst.)	Emisión.
Cometer.	Emisario.
Comiso.	Emisivo, va.
Cometido.	Inmisión.
Comité.	Inmisible.
Comitente.	Permitir.
Comitiva.	Permisión.
Comisión.	Permiso.

Permisible.

Permisivo, va.

Prometer.

Promesa.

Prometido.

Prometedor.

Comprometer.

Compromiso.

Comprometido, da.

Remitir.

Remisión.

Remesa.

Remitente.

Remisivo, va.

Remisible.

Remiso, sa.

Someter.

Sometible.

Sumisionar.

Sumisión.

Sumiso, sa.

Trasmitir.

Trasmisión.

Trasmitidor, ra.

Trasmisible.

Trámite.

Tramitación.

Omitir.

Omisión.

Omiso, sa.

Entremeter-se

Entremetido, da.

Intermitir.

Intermisión.

Intermitente.

Intermitencia.

Manumitir.

Manumisión.

Imitar.

Imitación.

Imitador, ra.

Imitable.

Imitativa.

Imitativo, va.

Mitigar.

Mitigación.

Mitigable.

Meter es enviar algo que quede incluído en el lugar á donde se envía ; la *misión* es un envio ó embajada, lo mismo que el *mensajero*, el *mensaje* y la *misira;* estos dos últimos son documentos epistolares que se envían.

Admitir de (*ad*), pref. Es dar entrada á aquello que se nos envía.

Cometer es emprender algo, ponerse en viaje, digámoslo así, para la misión ó comisión que pretendemos hacer ; de aquí *acometer, acometida.*

Comisario es el enviado á desempeñar tal ó cual *comisión*, de la misma manera que la *comisaria* es el lugar á donde se envían los que han *cometido* alguna falta contra el orden público.

Dimitir es enviar su renuncia de un empleo, abandonando un puesto, rango ú ocupación.

4.

Omitir es no enviar, no emitir algunas ideas ó palabras; de aquí comitancia y comitente.

Permitir es conceder la idea ó envío de alguna persona ó hecho ; *prometer* es enviar con anticipación ; las promesas son envíos de futuros beneficios.

Remitir es enviar *remesa.*

Someter es sujetar á las personas ó alguna cosa por la fuerza; porque todos los que eran enviados, en son de conquista, sujetaban ó sometían á los pueblos que llegaban. La sumisión fué un acto injusto ; hoy es una virtud muy simple.

Imitar es copiar todo lo que para nosotros ha sido enviado, que es la misma naturaleza.

Las formas *met* y *mis* de esta raíz, prevalecen en todas las palabras que anotamos, y constituyen, como todas las raices, el núcleo en donde reside el alma, la vida de la palabra : porque no lleva tal nombre todo grupo de letras ó sílabas que no encierren una idea.

Vigésimo cuarto ejercicio.

El sánscrito *lauc,* luz, pasó al griego á ser lukê y de éste al latín *lux, lucis,* la luz.

El *lum-en* latino más bien significa la causa de la luz. Damos en seguida una lista de los derivados más comunes en el grandilocuente idioma español.

Luz.	Lucro.
Lucero.	Lucrativo, va.
Lucidez.	Lucubrar (de operar y luz).
Lucido, da.	Lucubración (idea).
Lucidamente.	Luminar.
Luciente.	Luminación.
Lucientemente.	Luminaria.
Lucifer.	Luminoso, sa.
Lucifico, ca.	Luminosidad.
Lucimiento.	Lumbre.
Luciparo, ra.	Lumbrada.
Luciérnago.	Lumbrera.
Lucrar.	Lustre.

Lustro.

Lustrativo, va.

Lustrosidad.

Lustroso, sa.

Lustrosamente.

Luzbel.

Alumbrar.

Alumbrado, da.

Alumbramiento.

Alumbrante.

Aludir.

Alusión.

Alusivo, va.

Alustrar.

Alucinar.

Alucinación.

Alucinador.

Alucinadamente.

Columbrar.

Columbramiento.

Deslumbrar.

Deslumbrador.

Deslumbramiento.

Deslucir.

Deslucido, da.

Deslustrar.

Deslustre.

Deslustración.

Dilucidar.

Dilucidación.

Ilustre.

Ilustrar.

Ilustración.

Ilustrador, ra.

Ilustrativo, va.

Ilustrado, da.

Iluminar.

Iluminación.

Iluminativo, va.

Luna.

Lunar.

Lunación.

Lunático, ca.

Plenilunio.

Luneta.

Relucir.

Reluciente.

Relumbrar.

Relumbroso, sa.

Relumbrante.

Traslucir.

Trasluz.

Traslucible.

Traslucido, da.

Traslucidez.

Traslumbrar-se.

Traslucidamente.

Vislumbrar.

Vislumbre.

Vislumbramiento.

Luk, *luc* y *lum*, que da la idea de luz, ha venido á formar las palabras de la lista que antecede y, ¿cómo se efectuó ese portentoso milagro?... Pues vea el lector, atienda y juzgue:

Lucrar es sacar algún provecho de algo, es decir, sacar *luz* ó *lustre*, que la luz es siempre el más grande de los provechos, como es la más grande de las palabras de la creación *fiat lux* (Génesis); porque la *ilustración* es *luz* ó *lustre* de las naciones, á fuer de entendidos lingüistas ; *ilustrar* es *lustrar*, del pref. *en* ó *in*, cuya *n* se suprime por haber la congénere *l* de lustrar.

Dilucidar es aclarar algún asunto, porque *luz* es claridad física ó intelectualmente considerada.

Nuestro satélite recibe la *luz* del sol y por eso la llamamos *luna*, que es para el sentido lógico ó filológico exactamente lo mismo que si la designáramos *iluminada* ó *alumbrada*.

Indudablemente que estas pequeñas y rápidas explicaciones bastarán para que el lector comprenda y sienta la idea de luz, condensada en la raíz *luc*, *lum* ó *lus;* variantes eufonizadas de la raíz sánscrita *lauk*, da origen á una familia considerable de voces.

Vigésimo quinto ejercicio.

La traducción inmediata de la palabra latina *molles* es masa, y de estas dos palabras tenemos los derivados siguientes :

Mole.	Molestamente.
Moler.	Molón (mex) que molesta.
Molino.	Molde.
Molinero.	Moldear.
Molar.	Moldura.
Muela.	Molificar.
Molienda.	Molificación.
Molinillo.	Mollete.
Molécula.	Moflete.
Molecular.	Mofletudo, da.
Molicie.	Mujer.
Molera.	Mujeril.
Mollejón.	Mojar.
Molusco.	Mojada.
Meollo.	Mojado, da.
Molleja.	Mojicón.
Molestar.	Mollear.
Molestia.	Mollado, da.
Molesto, ta.	Mullir.

Muelle (subst.)

Muelle.

Multar.

Multa.

Mucho, a.

Muchedumbre.

Amolar.

Amolado, da.

Amoladura.

Amoldar.

Amoldadura.

Amojenar.

Demoler.

Demolición.

Inmolar.

Inmolación.

Promulgar.

Promulgación.

Promulgable.

Remoler.

Remolimiento.

Remolino.

Remolinear.

Remojar.

Remojo.

Masa.

Masticar.

Masticación.

Masticable.

Machacar.

Machacó.

Machacado, da.

Amasamiento.

Los latinos tienen la palabra *molles*, que significa cosa blanda, masa informe y grande, cuerpo de un gran volumen que asigna un todo compacto, cualquiera que sea su naturaleza.

Molécula es una infinitamente pequeña de la *molles*.

Moler es reducir á moléculas ó á polvo un cuerpo; de aquí *molino, molinero y molienda*.

Molestar (de moll y sta) es ocasionar, digámoslo así, *molimientos*, causar *opresiones*, incomodar.

Molicie es el estado lánguido y blando de una organización moral ó física; es propia de los ricos, porque la molicie es el conjunto de todos los goces sensuales: voluptuosidad, lujo, ocio, fausto.

Molusco es un animal invertebrado, que es blando; lo *muelle* es blando, como *molles; muela y molares* porque reducen á fragmentos las materias alimenticias.

Amolar es afilar instrumentos cortantes, quitarles moléculas en el mollejón, porque *amuela*.

Hay muchos *amolados* por el *mollejón* del servilismo y el de la adulación.

Demolar es reducir á polvo los edificios, los templos, las ciudades.

Inmolar es sacrificar alguna víctima reduciéndola á cenizas, á polvo, á nada; quitándola la vida.

Las *moléculas* son muchas, y por este motivo la idea de *mucho*, latín *multus*, ha sido tomada de *molles*; por lo tanto una misma cuna tuvieron las palabras *multitud*, *multar*, *multiplicar* y *muchedumbre*. Pero hay relaciones más admirables aún: *mojar*, del latín *mollire*, es adherirse las *moléculas* de un líquido á un cuerpo sólido (Dicc. de la Academ.), de aquí *mojada* y *mojicón*.

Mujer se dice en latín *mullier*; pero *mullier* viene de *molles*, pues no podría tener otro origen, perque la *mujer* es blanda, es tierna y es objeto de la *molicie* en cualquier sentido que se tomen estas palabras.

¡Qué creación tan maravillosa! Como la costilla de Adán, aunque nunca hiperbólica.

Y el que vió la *molles*, la masa, la materia informe, tosca ó blanda, ¿conocía las moléculas de los cuerpos, la molicie, la inmolación, la *multitud*? ¿se conocería á sí mismo y á su mujer, compañera inseparable de su suerte?

Vigésimo sexto ejercicio.

En el latín existen los verbos *cado, casum, cadere* y *caedo, cecidi, caesum, caedere;* el primero significa caer, morir, y el segundo cortar, matar, pero ambos verbos están formados de una misma raiz. En este ejercicio nos proponemos manifestar solamente los derivados castellanos más principales, que se desprenden de los variantes de los verbos expuestos.

Caer.	Decadencia.
Caída.	Decadente,
Cadencia.	Decadentísimo.
Cadencioso, sa.	Decadentista.
Caso.	Recaer.
Casualidad.	Recaimiento.
Casual.	Caducar.
Casualmente.	Caduco, ca,
Acaso.	Caducidad.
Decaer.	Caducamente.
Decaimiento.	Cadáver.

Cadavérico, ca.

Casar.

Casamiento.

Casado, da.

Casero, ra.

Casa.

Casino.

Castillo.

Percance.

Accidente.

Accidental.

Accidentalmente.

Accidencia.

Acaecer.

Acaecimiento.

Conciso, sa.

Concisamente.

Incidir.

Incidencia.

Incidente.

Incidental.

Incidentemente.

Incisión.

Inciso, sa.

Incisivo, va.

Decidir.

Decisión.

Decisivo, va.

Decisivamente.

Decidido, da.

Indecisión.

Indeciso, sá.

Reincidir.

Reincidencia.

Reincidente.

Coincidir.

Coincidencia.

Coincidente.

Precisar.

Precisión.

Preciso, sa.

Precisamente.

Ocasión.

Ocasionar.

Ocaso.

Ocasional.

Ocasionalmente.

Occidente.

Occidental.

Occidentalmente.

Occidua.

Occisión.

Occiso, sa.

Circuncidar.

Circuncisión.

Homicidio.

Homicida.

Parricidio.

Parricida.

Uxoricidio.

Uxoricida.

Regicidio.

Regicida.

Escasear.

Escaso, sa.

Escasez.

Caer expresó la idea de venir un cuerpo de arriba á abajo, sobrevenir algo.

El hombre primitivo, tal vez observó que la interrupción de la existencia, la muerte, efectuaba materialmente la çaida del hombre sobre la corteza terrestre, y lo llamó *ca-dáver*, llamándose á sí mismo, cuando exhalaba el postrer aliento vital.

Caducar es obrar sin juicio y sin razón, como si estuviéramos en vísperas de la muerte; de aquí el adjetivo *caduco* que aplicamos á seres ó cosas que *caen*, que mueren.

Caso y *casualidad* designan el suceso ó lance acontecidos ó bien la oportunidad de los *casos* ó sucesos.

Cadencia es la sucesión de sonidos armónicos que *caen* como las gotas de la lluvia.

Decadencia es declinación del ser, principio de muerte; para las letras el *decadentísimo* moderno es la muerte de las mismas que desgraciadamente azuza á inteligencias privilegiadas.

Ocaso es la caída de la tarde como la *ocasión* la caída del suceso.

Casa (habitación) viene de *cassum*, caído, porque las casas eran chozas, grutas que derrumbaba ó hacía *caer* la furia pertinaz de los elementos, severos adversarios del hombre; *casar* no es sino formar *casa* ó familia, para lo cual se necesita el *casamiento* ó matrimonio.

Accidente es suceso del pref. *ad* ó *ac* y *cecidi*, participio de *cadere*. Con los prefijos *in* y *co*, y por aféresis de la sílaba inicial del participio, tenemos los vocablos *coindidir* y coindidencia, *incidir, incidental, reincidir* y reincidencia.

Decidir está compuesto del pref. *de* y *cidere* cortar las ideas, tomar una determinación: *decisión, decisivo, decisiva, indeciso, indecisa.*

El que vió *caer* al hombre y lo llamó cadáver, ¿vería el *ocaso*, la *casualidad* ó *acaso*? ¿fabricaría la *casa*, instituiría el *casamiento*? ¿comprendería la *decisión* de las personas, como lo *preciso* de las necesidades, como *indecisión* ó indiferentismo de los pueblos? Quisiéramos explayarnos más en esta materia; pero el reducido espacio nos impide explicar más este ejercicio, y nos priva hacer oportunas é ingeniosas reflexiones.

Vigésimo séptimo ejercicio.

El griego *fel* tomaron los romanos para construir el verbo *vol-vo, vol-vi, vol-utum, vol-vere*, que significa volver,

rodar, marchar dando vueltas. La raíz *vol* de este verbo,
que es la misma *fel* griega, es la que, encarnándose en la
índole de nuestra lengua, da valor idelógico á sus descendientes que son las voces que en seguida exponemos.

Volver.
Volvimiento.
Vuelta.
Volvedor, ra,
Vuelto, ta.
Volar.
Vuelo.
Volador. ra.
Volante.
Volátil.
Volado, da.
Voladura.
Voladero, ra.
Volantin.
Volapié (á).
Volear.
Voleo.
Volcar.
Volcán.
Volcable.
Volcánico, ca.
Volcánicamente.
Volatizar.
Volatización.
Volatilidad.
Volatilizable.
Volatilizativo, va.
Volatilizar.
Volatilización.
Voltear.
Volteador.
Convolverse.
Convulsión.
Convulsivo, va.

Convulsivamente.
Devolver.
Devolución.
Devuelto, ta.
Devolutivo, va.
Envolver.
Envoltura.
Envuelto, ta.
Envoltorio.
Envolvimiento.
Desenvuelto, ta.
Evolución.
Evolucionar.
Evolucionista.
Evolucionario.
Evolutivo, va.
Antievolucionista.
Revolver.
Revuelta.
Revuelto, ta.
Revolvimiento.
Revolvedor, ra.
Revoltón.
Revoltoso, sa.
Revolucionar.
Revolución.
Revolucionista.
Revolucionario.
Revolcarse.
Revolotear.
Revolteo.
Revulsión.
Revulsivo, va.
Revulsivamente.

El griego *fel*, *vel* ó *vol* es una raíz que encierra concisamente la idea de dar vueltas, girar, dirigirse, encaminarse hacia alguna parte.

El hombre observó que las aves se dirigían hacia lejanos confines y dijo que volaban.

De *volar* se derivan *vuelo*, *volátil* y *volatilizar*. Un vehículo que tropieza con algo se *vuelca*, cae, dando vueltas, de *volcar*, cuya *c*, cambiándose en *t*, nos explica la etimología de *voltear*, dar *vueltas*, girar.

Volcán, aunque muchos dicen que lleva este nombre por Vulcanus, dios del fuego, asentimos nosotros que se deriva de *volcar;* porque este verbo significa trastornar alguna cosa de manera que caiga ó se vierta el contenido de ella (Barcia. Dicc. Etm.), que para el volcán será la lava.

De lo expuesto hemos demostrado é inferido lógicamente que la raiz *fél, vel, vol* da lagar á la formación de los siguientes verbos:

Vol-ar.
Volv-er.
Volte-ar.
Volc-ar.

Del participio *volutum* viene *evolución*, que es la transformación de todo lo que se refiere á las energías vivientes, á las *vueltas* ó avances de la materia hacia sus inexcrutables fines. Estos cuatro verbos han dado lugar á la creación de los precedentes é importantes vocablos.

Vigésimo octavo ejercicio.

De la raíz sánscrita *fis*, fuerza, vigor, vida, ya mencionada, de donde los helenos formaron la palabra *fisis* naturaleza, y los romanos, tomando de aquellas esta raíz, usaron el vocablo *vis*, *vir-es* fuerza, vida; es de la, de donde se formaron las voces latinas *vir, vir-es* fuerza y *vir, viri*, varón.

Viril.	Virgen.
Virilidad.	Virginidad.
Virilmente.	Virginal.
Varón.	Virtud.
Varonil.	Virtual.

Virtualmente.
Virtuoso, sa.
Virtuosamente.
Virtualizar.
Virtualización.
Vigor.
Vigorosidad.
Vigoroso, sa.
Vigorosamente.
Vigorizar.
Vigoración.
Vigorable.
Victoria.
Victorioso, sa.
Víctima.
Vigente.
Vitorear.
Vítores.
Vencer.
Vencedor, ra.
Vencimiento.
Vencible.
Venciblemente.
Vindicar.
Vindicación.
Vindicador, ra.
Vindicable.
Vindicablemente.
Vindicativo, va.
Convencer.
Convicción.
Convincente.
Convicto, ta.
Convencimiento.
Convencible.
Convencidamente.
Desvencijar.
Desvencijado, da.

Desvirtuar.
Dervirtuación.
Desvirtuado, da.
Desconvencimiento.
Invencible.
Invenciblemente.
Invicto, a.
Reconvencer.
Reconvención.
Reivindicar.
Reivindicación.
Reivindicado, da.
Reivindicable.
Reivindicadamente.
Vengar-se.
Venganza.
Vengador, ra.
Vengadamente.
Vincular.
Vínculo.
Vinculación.
Vinculado, da.
Vara.
Varar.
Verdugo.
Verduguillo.
Vegetar.
Vegetal.
Vegetación.
Verdor.
Verdura.
Verdecer.
Verde.
Verga
Verjel.
Viga.
Verano.
Veranear.

Veraniego, a.	.Físicamente.
Vernal.	Metafísica.
Invierno.	Metafísico, ca.
Invernal.	Provincia.
Primavera.	Provincial.
Primaveral.	Provincialmente.
Física.	Provincialismo.

Fis es la raíz que en griego significa fuerza, de aquí han tomado los latinos las palabras *vis, vires, vir, vigor, victima,* fuerza, varón, *vigor* y *victima* respectivamente.

Para triunfar de cualquier lucha necesitaban de fuerza, de *vigor;* de la raíz común á estas palabras crearon el verbo *vincere,* cuyo participio es *vict-um,* vencer ; de la fuerza nació la *victoria* y la *victima.*

Así es que la raíz *fis* primitiva, que encierra cualquiera de las ideas : fuerza, crecimiento, vigor, vencimiento, ha tomado en el idioma español, las formas *vir, var* ó *ver, vig* ó *veg, vict* ó *vit;* v. g.: *virilidad, varón, vara, verdugo, vergel, vegetal, victoria, vitor.*

Observe y juzgue el lector la variada y trascendental evolución que ha sufrido la raíz *fis,* que es la misma del verbo griego *phyo,* nacer, de donde en el mismo idioma se formó fisis ó *physis* naturaleza que es *vigor,* fuerza, *victoria* del no ser, en los inmensos reinados de lo físico, de lo existente... ¡Epopeya grandiosa la de la palabra que nos muestra palpable el emporio de todos los conocimientos pasados!

Vigésimo nono ejercicio.

De la raíz *tor* que da la idea de girar crearon los romanos el verbo *tor-queo, tor-si, tor-tum, tor-quere,* torcer, atormentar, lanzar.

Tanto de la raíz como del verbo precedente tomamos los derivados que creemos sean de importancia.

Torcer.	Tornar.
Torcedor.	Tornátil.
Torcedura.	Torno.
Torcimiento.	Tornear.
Tuerto, ta.	Torneador.

Tornillo.
Torniquete.
Torneo.
Tormenta.
Tormento.
Tormentoso, sa.
Torpe.
Torpemente.
Torpeza.
Entorpecer.
Entorpecimiento.
Torpedo.
Torpedero.
Tortuoso, sa.
Tortura.
Torta.
Tortilla.
Turnar.
Turno.
Turnador.
Turnio, ia.
Turgencia.
Turgente.
Turbar.
Turbación.
Turbio, ia.
Atoraz.
Atoramiento.
Atorado, da.
Atormentar.
Atormecimiento.
Atormentable.
Atornillar.
Atornillador.
Aturdir-se.
Aturdidor.
Conturbar.
Conturbación.

Contorno.
Contorneo.
Contornear-se.
Contorcer.
Contorción.
Destorcer.
Destorcimiento.
Desatorar.
Desatoramiento.
Destornillar.
Disturbiar.
Disturbio.
Estorbar.
Estorbo.
Estorbamiento.
Enturbiar.
Estornudar.
Estornudo.
Estorcer.
Estorcijón.
Perturbar.
Perturbación.
Perturbador.
Perturbable.
Perturbadamente.
Retorcer.
Retorcimiento.
Retorcedor.
Retornar.
Retorno.
Retornelo.
Retorsivo, va.
Saturno.
Saturnal.
Trastornar.
Trastorno.
Trastornado, da.
Trastornadamente.

Torquere significa *tórcer, atormentar* (suf. mentum)
dando vueltas que es lo que expresa la raíz *tur* ó *tor*. *Tormenta y torbellino* son borrascas que todo lo destruyen en
sus vueltas tan vertiginosas como siniestras. *Turbar* es al-
terar, dar vueltas al orden de las cosas, de aquí: *trastornar, conturbar, disturbar, perturbar. Estorbar* es la acción
de impedir la rectitud ó dirección de una marcha ó nego-
cio, viéndose el emprendedor en la precisa necesidad de
dar una vuelta al *estorbo. Torpeza* es filológicamente hablando la no rectitud del pie, *tor* y *pes*, pie; *torpedo* de los
buques de guerra es un pie que avanza dando vueltas *tor*,
y *podos* gr. pie. Manifiesta y exacta está la raíz *tor* en palabras de la presente lista; ella viene á constituir el valor
ideológico que conservan las mismas palabras muchas veces connotando una acepción metafórica.

Trigésimo ejercicio.

Del sánscrito *spa* ó del griego *spaó* que da la idea de
soplar, formaron los latinos el verbo *spir-o, spir-as, spir-
atum, spir-are* lanzar el espíritu, que para los antiguos
era un soplo, sublimemente vivificador. A esta raíz pertenecen los derivados:

Aspirar.	Espirituosidad.
Aspiración.	Espirituoso, sa.
Aspirante.	Espiritualizar.
Aspirado, da.	Espiritualidad.
Aspiradamente.	Espiritualización.
Conspirar.	Espiritualista.
Conspiración.	Espiritualismo.
Conspirador, ra.	Espiritualizador.
Conspirativo, va.	Espiritual.
Espirar.	Espiritualmente.
Espiración.	Inspirar.
Espirador, ra.	Inspiración.
Espirable.	Inspirador, ra.
Espiritismo.	Inspirante.
Espiritista.	Inspirativo, va.
Espíritu.	Inspiradamente.

Respirar.	Suspiro.
Respiración.	Suspirador, ra.
Respirador.	Suspirable.
Respiradero.	Suspirado, da.
Respiro.	Suspiradamente.
Respiratorio, ia.	Transpirar.
Respirable.	Transpiración.
Suspirar.	Transpirador, ra.
Suspiración.	Transpirable.

Spaô encierra la idea de soplo, exhalación, vida, lo mismo que la idea de estar animado ó lleno de un sentimiento cualquiera.

Aspirar es atraer hacia los pulmones el aire exterior, dirigir la voluntad hacia un fin.

Conspirar es reunirse varios espíritus ó inteligencias para derrocar á los poderes públicos: *conspirar* significa dirigir el *espíritu*, el soplo, la vida, hacia un fin determinado.

Espirar es arrojar el aire de los pulmones hacia afuera.

Expirar lanzar el último aliento de vida.

Espíritu es, según los filósofos, la sustancia incorpórea que alienta, fortifica y hace obrar al hombre, de la misma manera que el oxígeno al cuerpo. La virtud, el valor, la inteligencia sintetizan al *espíritu*, que filológicamente es un soplo.

Inspirar es atraer el aire hacia los pulmones.

La *inspiración* y *expiración* constituyen el importante fenómeno de la *respiración*.

Infundir en el ánimo de otro partículas, digámoslo así, de nuestro ser, es inspirarle alguna idea ó pasión de nuestro espíritu con entusiasmo, « inspirarle algo ».

El *suspiro* es el aliento que se lanza del pecho con algún ímpetu en demostración de dolor, alegría, amor : *suspirar*.

Observe y reflexione nuestro amable lector, cómo un soplo (*spiritus*) ha podido trasformarse en *aspiración, conspiración, suspiro* y *espíritu*. Esto nos demuestra que existe en las lenguas una admirable filosofía, que es la de todas las razas y la de todas las edades, la filosofía de la palabra y la ciencia del *verbum*.

Trigésimo primero ejercicio.

Del latín *pars*, *partis*, división, se ha derivado el verbo *partire*, partir, dividir, verbo cuya raíz es la misma que la de todos los vocablos en la siguiente lista:

Partir.
Parte
Partible.
Partibilidad.
Partición.
Partido.
Partida.
Partidor, ra.
Partitivo, va.
Participar.
Participación.
Participante.
Participable.
Partícipe.
Participio.
Participial.
Particularizar.
Particula.
Particularidad.
Particulario.
Particularista.
Particularizado, da,
Particular.
Particularmente.
Apartar.
Apartamiento.
Aparte.
Apartador, ra.
Apartado, da,
Apartadero.
Apartadijo.
Desapartar.

Desapartado, da.
Compartir.
Compartimiento.
Comparte.
Compartidor.
Departir.
Departamento.
Departidor, ra.
Impartir.
Impartibilidad.
Impartible.
Repartir.
Reparto.
Repartimiento.
Repartidor, ra.
Repartición.
Repartible.
Repartidamente.
Parcial.
Parcialmente.
Imparcial.
Imparcialidad.
Imparcialmente.
Porción.
Porcionista.
Proporcionar.
Proporción.
Proporcionable.
Proporcionadamente.
Improporción.
Improporcional.
Improporcionado, da.

Improporcionadamente.	Esparcible.
Esparcir.	Esparcido, da.
Esparcimiento.	Esparcidamente.

El latín *pars* expresa la *parte* con relación al todo; la idea de *parte* prevalece incluida en las formas *pars*, *part, parc, porc*, modificaciones de la primera, que observará el lector, formando muchas palabras en la lista que le presentamos.

La *partícula* es la parte extremadamente pequeña; la la *particularidad* es la originalidad ó peculiaridad, así de la *parte* como del todo.

Apartar es simplemente dividir, separar.

Compartir es dividir en partes proporcionales.

Departir es desterrar, apartar á la persona del lugar en que nació, por causas que la ley ordena.

Impartir es *repartir* cosas ó favores.

La *porción* es una *parte*, la *proporción* es el orden ó conformidad de las *partes* con el todo.

Esparcir es repartir algo, como las mieses en los feraces campos, ó la semilla del saber en las vírgenes regiones de la inteligencia.

Si las *partes* forman el todo, la raíz *pars* es una *parte* ó una familia en la vasta extensión del lenguaje.

Trigésimo segundo ejercicio.

La raíz sánscrita *Fl* da la idea de correr; de ésta se ha formado el verbo latino *fluo, is, fluxi, fluxum, fluere*, correr un líquido ó un gas.

Es admirable observar la numerosa familia de palabras que se originan de las variantes de este verbo:

Fluir.	Fluidamente.
Fluído.	Flujo.
Fluído, da.	Fluctuar.
Fluencia.	Fluctuación.
Fluidez.	Fluctuante.
Fluente.	Fluctuoso, sa.
Fluentemente.	Fluvial.

Fluviátil.
Fluxión.
Flux.
Fluxible.
Fluxionario, ia.
Flojear.
Flojedad.
Flojera.
Flojo, a.
Afluír.
Afluencia.
Afluente.
Aflojar.
Aflojamiento.
Aflojador.
Desaflojar.
Confluir.
Confluencia.
Confluente.
Influir.
Influencia.
Influjo.
Influyente.
Influentemente.
Refluir.
Reflujo.
Refluente.
Flegma.
Flegmático, ca.
Flema.
Flemático, ca.
Flemoso, sa.
Flex.
Flete.
Flote.
Flotar.
Flota.
Flotamiento.

Flotadura.
Flotante.
Flotillo.
Flotable.
Flatuidad.
Flato.
Flatoso, sa.
Flauta.
Flautista.
Flaquear.
Flacura.
Flaqueza.
Flaco, ca.
Flacamente.
Enflaquecer.
Enflaquecimiento.
Flama.
Flamear.
Flamante.
Desflamar.
Desflamación.
Inflamar.
Inflamación.
Inflamable.
Desinflamar.
Desinflamado, da.
Flamígero.
Inflar.
Inflado, da.
Flagrar.
Flagrante.
Flechar.
Flecha.
Flagelar.
Flagelo.
Flagelación.
Flagelante.
Flexión.

Flexibilidad.
Flexiblemente.
Inflexión.
Inflexibilidad.
Inflexible.
Inflexiblemente.
Reflejar.
Reflejo.
Refleja.
Reflejo, a.
Reflectar.
Reflexión.
Reflexibilidad.
Reflexible.
Reflexionar.
Reflexivo, va.
Reflexivamente.

Irreflexivo, va.
Irreflexivamente.
Irreflexión.
Conflagar.
Conflagración.
Conflagrante.
Afligir.
Afligido, da.
Aflicción.
Llover.
Lluvia.
Lluvisna.
Lluvioso, sa.
Llorar.
Lloroso, sa.
Llorón.

La forma radical que admite prefijos y la cual lleva la significación de correr, es: *flu*, de *fluere* ó *fluir*.

La forma *fla*, de *flatus*, latín (soplo), que se deriva de la anterior, da la idea de viento, gas ó fluido; el aire, ó más bien dicho, el oxígeno del mismo, ayuda á la combustión de los cuepos; de donde nos explicamos las palabras *flama*, *flamante*, *inflamar*, *inflamación*, *desinflamar* y *desinflamación; inflar* y *flauta*, proceden de la misma raíz *fla*, de *flare*, latín, soplar; la planta la hace el viento.

La enfermedad del *flato* es producida por el aire contenido en cualquier parte del cuerpo, lo que ocasiona excesiva incomodidad; de aquí « estar de *flato* ».

La *flama* ó llama arde por el oxígeno del aire; de aquí *flagrar*, verbo castellano, quemar.

Conflagar y conflagración son derivados del latín *flagrare*, quemar.

Flagelar (dar azotes) es del mismo *flagrare*, encender; porque un azote ó látigo enciende las carnes de cualquiera.

Fluere es correr como el *fluvium* (río), latín; pero el lloro ó llanto corre, *fluere;* y por esto es que este verbo en latín significa llorar; con el prefijo *ad* ó *af* tenemos afligir, aflicción.

Los flagelados eran, naturalmente flacos, débiles de carnes y de espíritu; pues la forma *flag*, de *flagellare* (azotar), se cambió en *flac;* de aqui, pues, lo *flaco* y la *flaqueza:* somos *flacos*, porque han *flagelado* nuestro ánimo ó nuestro cuerpo las enfermedades y los sufrimientos.

El viento, el *flatus*, hace doblar los objetos cuando se arrecia, y por esta razón se les llamó *flexibles*, de *flectare*, doblar : flexible, *flexión, inflexión, inflexible.*

Flota es una serie de naves ó velas sobre las cuales *flota* ó sopla el viento, *flare*, soplar, latin ; por eso llevan ese nombre ; *flete* fué el precio por el alquiler de una nave ; ahora el *flete* es una gabela, por el tránsito de artículos ú objetos del comercio.

Reflejar es doblarse los rayos luminosos, haciendo flexión ; reflexión es repetir el acto de flexión de la luz de inteligencia (reflexionar).

En resumen, hemos demostrado que la raíz simple *fl*, da real ó metafóricamente las ideas de soplo, de correr y de doblarse ; porque el viento es *fluido* y corre como todos los gases; el viento dobla los objetos, demuestra que son flexibles.

¡ Qué gigantesca creación la de este elemento ! ¡ qué horizontes tan grandiosos los de la palabra!

Trigésimo tercero ejercicio.

Quebrar, despedazar, demoler algún objeto, acompañada la acción del ruido consiguiente, se designa en latin con el verbo *fran-go, freg-i, frac-tum fran-gere :* también significa mortificar, abatir. La raíz de este verbo da lugar á la siguiente derivación :.

Fraccionar.	Fracasar.
Fraccionario, a.	Fracaso.
Fraccionable.	Fracasable.
Fraccionamiento.	Frágil.
Faaccionadamente.	Fragilmente.
Fracturar.	Fragilidad.
Fractura.	Fragmento.
Fracturador, ra.	Fragmentario, ia.
Fracturable.	Fragmentoso, sa.

Fragosidad.

Fragoso, sa.

Frasco.

Frescura.

Fresco, ca.

Frescamente.

Frio, ia.

Friolento, ta.

Frialdad.

Fríamente.

Frigidez.

Frigido, da.

Frígidamente.

Frigorífico, ca.

Refrescar.

Refresco.

Refrescable.

Refrescante.

Resfriar-se.

Resfrío.

Enfriar.

Enfriamiento.

Enfriadero.

Fregar.

Fregador, ra.

Fregamiento.

Fregable.

Fregado.

Frotar.

Frotación.

Frotamiento.

Frotador, ra.

Frotable.

Fricción.

Franqueza.

Franco, ca.

Francamente.

Franquear.

Franquicia.

Infracción.

Infractor.

Infrangible.

Infringir.

Refractar.

Refracción.

Refracto, ta.

Refractario, ia.

Refringir.

Refringimiento.

Refringente.

Refringible.

Refrigerar.

Refrigerante.

Refrigeramiento.

Rofrigeración.

Refrigerio.

Refrigerativo, va.

Naufragar.

Naufragio.

Naufragable.

Sufragar.

Sufragio.

Sufragador, ra.

Sufragable.

Sufragación.

Despedazar, romper, se dice en latin *frangére;* del participio *fractus* se tiene el verbo *fracturar* y las voces *fractura* y *fracaso,* una ocasión en la que algo se quiebra.

Fría es el agua que al congelarse se quiebra (el hielo).

Fregar es hacer *fricción* ó frotación con los cuerpos para que se rompan, ó se desmoronen, gastándose sus moléculas.

Como las partículas disgregadas por la *fricción*, *frotación* ó fragmentación de los cuepos quedan libres, la idea de libertad se representa en las palabras *franco, franquear, franqueza.*

Claramente se nos manifiesta la idea de romper, que poseen las palabras prefijadas; y sólo diremos, para dar término á nuestra explicación acerca de la raiz *fran, frag, frac, frot* y *frit,* que entra en composición de la palabra *naufragio,* de *naos,* nave, y *frangere,* romper, es decir, choque, rompimiento, desastre de la nave.

¡ Qué idea tan exactamente expresa! ¡qué naturalidad tan sabia la que caracteriza á los vocablos *sufragio* y *naufragio.*

Trigésimo cuarto ejercicio.

Del sánscrito *tan* se han formado los verbos latinos : *Teneo, ten-ui, ten-tum, ten-ere,* tener, *ten-do, tetend-i, tensum, tend-ere,* tender, prolongar, inclinar-se, dirigir-se, y *tent-o, tent-atum, tent-are,* corromper, seducir. De los indicativos, supinos é infinitivos de estos tres verbos se han derivado los voces siguientes :

Tener.
Tenedor.
Teneduría.
Tienda.
Teniente.
Tenor.
Tenaz.
Tenacidad.
Atener.
Atenimiento.
Atenido, da.
Contener.
Contenido.
Continente.
Continencia.

Continental.
Incontinental.
Contïnuar.
Continuación.
Continuativo, va.
Continuamente.
Detener.
Detención.
Detenido, da.
Detenidamente.
Entretener.
Entretenimiento.
Entretenido, da.
Obtener.
Obtención.

Obtenido, da.
Obstinar.
Obstinación.
Obstinable.
Pertenecer.
Pertenencia.
Pertenecido, da.
Perteneciente.
Pertinaz.
Pertinacia.
Pertinente.
Pertinentemente.
Impertinencia.
Impertinente.
Impertinentemente.
Pretina.
Retener.
Retención.
Retenido, da.
Retina.
Retinencia.
Sostener.
Sostén.
Sostenimiento.
Sostenido, da.
Subtender.
Substensa.
Subteniente.
Subtenso, sa.
Trastienda.
Tender.
Tensión.
Tendencia.
Tendón.
Tender-se.
Tendido, da.
Tendero.
Tendaje.

Tenso, sa.
Atender.
Atención.
Atento, ta,
Atentamente.
Atendible.
Atentido, da.
Atendidamente.
Contender.
Contienda.
Contencional.
Contencioso, sa.
Desatender.
Desatención.
Desatento, ta.
Desatendido, da.
Distender.
Distención.
Entender.
Entendimiento.
Entendido, da.
Entendidamente.
Entendedor, ra.
Entendederas.
Extender.
Extensión.
Extendido, da.
Extenso, sa.
Extensible.
Extensivo, va.
Extensivamente.
Intensidad.
Intenso, sa.
Intensamente.
Intendente.
Intendencia.
Pretender.
Pretenso.

Preténsión.

Pretendiente.

Pretendido, da.

Pretensioso, sa.

Pretensiosamente.

Portento.

Portentoso, sa.

Patente,

Patentizar.

Patentamente.

Tentar.

Tiento.

Tentación.

Tentativa.

Tentáculo,

Atentar.

Atentador.

Atentatorio, ia.

Contentar.

Contento.

Contentamiento.

Contento, ta.

Contentamente,

Contentable.

Descontento, ta.

Descontentadizo, za.

Intentar.

Intención.

Intento.

Intencional.

Intencionalmente.

Intencionado, da.

Intentona.

Ostentar.

Ostentación.

Ostentador.

Ostentadamente.

Ostensión.

Ostento.

Ostensible.

Ostensivo, va.

Retentar.

Retentación.

Sustentar.

Sustenso,

Sustentante.

Sustentable.

Ténue.

Tenuamedte.

Tenuidad.

Atenuar.

Atenuación.

Atenuante·

Tener, de sánscrito *tan*, es asir, man*tener*, poseer en toda su *extensión* las cosas.

La comprensión de las voces *contener, detener, entrete ner, obtener, sostener, retener,* la dan los correspondientes prefijos.

Tender es desdoblar, alargar las cosas, presentarlas en toda su extensión, casi como tenerlas ó poseerlas.

La *tendencia* es el alargamiento ó dirección del ánimo hacia un fin determinado.

Entender ó *entendimiento* es la comprensión de las cosas en todas sus *tendencias, extensiones* ó ensanchamientos : ¡qué sorprendente belleza !... las ideas tienen sus *extensiones*, el *entendimiento* tiene sus espacios ; y cuando el hombre abarca todos los seres materiales ó subjetivos, es porque tiene la facultad de *tenderlos* ó *extenderlos :* pero la filología dice más ; es porque el hombre posee inteligencia, es porque tiene *entendimiento.*

Las formas *tend* y *tens* son las mismas que *ten* de *tener;* ellas son las que con prefijos y subfijos crean una serie de vocablos que expresan ideas que están comprendidas en los órdenes real ó metafórico del lenguaje.

Con lo dicho, el lector habrá adquirido una exacta *intensa* idea de la connotación de los términos prefijados.

Trigésimo quinto ejercicio.

Del latín *finis*, término, fin, se derivan las siguientes palabras :

Fin.	Confinación.
Finado, da.	Confinado, da.
Fino, na, finamente.	Confín.
Finalidad.	Confines.
Final.	Definir.
Finalmente.	Definición.
Finalizar.	Definidor.
Finalización.	Definible.
Finura.	Definitivo, va.
Fineza.	Definitivamente.
Finar.	Desafinar.
Finito, ta.	Desafinación.
Finanza.	Desafinable.
Financiero.	Infinidad.
Afinar.	Infinito, ta.
Afinación.	Infinitamente.
Afininidad.	Infinitivo, va.
Afin.	Infinitesimal.
Afinado, da.	Indefinible.
Afinador, ra.	Indefinido, da.
Confinar.	Refinar.

Refinación.

Refinable.

Refinador.

Refinativo, va.

Fibra.

Fibroso, sa.

Fibrina.

Hebra.

Enhebrar.

Vibrar.

Vibración.

Vibrable.

Vibrante.

Vibratorio, oria.

Vibratibĭlidad.

Vibrátil.

Vibrador, ora.

Hilar.

Hilo.

Hilacha.

Hilera.

Hilado.

Hiladizo, za.

Deshilar.

Deshilado.

Hilaridad.

El *fin* es el término, el remate de la cosa ó del objeto, el motivo que se persigue en toda empresa.

Fino, a. significa acabado, terminado; lo *fino* es de buena cualidad, la que tiene *firmeza*, porque ésta es propia de los cuerpos dúctiles que pueden reducirse á *filos* ó á *hilos*; por lo tanto, las formas *fin*, *fil*, *hil*, de fin-alizar, a-filar, firm-ar é hilar son idénticas á la filología.

El *fin* es el término, lo *fino* es lo delgado, como el *hilo* y los metales, que reducidos á *hilos* son *firmes*. Estas relaciones en el sentido recto ó translático poseen muchas palabras de este ejercicio, que se derivan de la raíz primitiva *fin*; *fibr*, *fil* é *hil* son variantes de la primera.

Trigésimo sexto ejercicio.

Ced-o, *cess-i*, *cess-um*, *ced-ere*, en latin significa ceder, hacer lugar, avanzar, caminar, parar-se; con la raiz de este verbo están formadas las palabras que nos compete estudiar en el presente ejercicio.

Ceder.

Cesión.

Cesionable.

Cesar.

Cesación.

Cesante.

Acceder.

Acceso.

Accesor, ra.

Accésit.

Accesión.

Accesoria.

Accesorio, ia.

Accesible.

Accesiblemente.

Inaccesibilidad.

Inaccesible.

Inaccesiblemente.

Conceder.

Concesión.

Concesionar.

Concesionario.

Concesionista.

Anteceder.

Antecedencia.

Antecedente.

Antecesor, ora.

Improcedencia.

Improcedencia.

Exceder.

Exceso.

Excesivo, va.

Excesivamente.

Excedente.

Preceder.

Precedente.

Precedencia.

Precesión.

Proceder.

Procedencia.

Procedente.

Procedimiento.

Procesión.

Procesional.

Procesar.

Proceso.

Procesador, ra.

Procesado, da.

Procesal.

Receso.

Recésit.

Retroceder.

Retroceso.

Suceder.

Suceso.

Sucesión.

Sucesor, ra.

Sucesible.

Sucesivo, va.

Sucesivamente.

Interceder.

Intercesión.

Intercesor, ra.

Intercesorio, ia.

Intercesoriamente.

Ceder es dejar pasar, transferir, rendirse, estar conforme con la opinión de alguno.

Acceso es una irregularidad ó alteración de las funciones vitales que cede ó cesa.

Algo que ha pasado ó sucedido antes se llama antecedente.

Atendiendo al sentido de las partículas iniciales que se unen á la raíz ced ó ces, fácilmente comprendemos el valor lógico de los derivados que anotamos.

Trigésimo séptimo ejercicio.

Del persa *parah*, que da la idea de suspensión, orden, disposición, se ha derivado del verbo latino *par-o, as, par-avi, par-atum, par-are*, parar-se, manifestar-se, prepararse; prefijando la radical *par* del verbo latino con flecciones y sufijos castellanos, obtenemos. la siguiente familia etimológica:

Parar.
Parada.
Parado, da.
Paradero.
Parador.
Pared.
Parejo, ja.
Pareja.
Paridad.
Par.
Impar.
Paralelizar.
Paralelo.
Paralelo, la.
Parapetar.
Parapeto.
Aparar.
Aparador.
Aparato.
Apero.
Aperear.
Aparejar.
Amparar.
Amparo.
Desamparar.
Desamparo.
Desamparado, da.
Comparar.
Comparación.

Comparativo, va.
Comparable.
Comparablemente.
Deparar.
Disparar.
Disparo.
Disparador.
Disparatar.
Disparate.
Incomparado, da.
Incomparable.
Incomparablemente.
Preparar.
Preparación.
Preparador, ra.
Preparado, da.
Preparable.
Preparativo.
Preparatorio, ia.
Reparar.
Reparo.
Reparación.
Reparador.
Reparable.
Irreparable.
Irreparablemente.
Separar.
Separación.
Separable.

Inseparable.
Inseparablemente.
Inseparado, da.
Inseparadamente.
Parecer.
Parecer (subst.)
Aparecer.
Aparición.
Apariencia.
Aparentar.
Aparente.
Aparentemente.
Desaparecer.

Desaparecimiento.
Comparecer.
Comparecimiento.
Reaparecer.
Reaparición.
Trasparentar.
Trasparéncia.
Trasparente.
Emparejar.
Emparejado, da.
Prado.
Pradera.

El sánscrito *parah* ó *par,* da la idea de suspensión, orden, disposición, etc.

Pararse es quedarse quieto, suspenso, terminar algo, cesar el movimiento.

Un *par* lo constituyen dos objetos idénticos ó iguales, como los pies, que sirven para que el hombre quede *parado.* La idea de igualdad se expresa también por la raíz *par* de *paridad.*

Un muro está *parado* y se le llama *pared.*

El *para-peto* es un terraplén que está *parado.*

Aparar es acudir con las manos para recibir un objeto que deberá quedar *parado,* colocado.

Aparato es un instrumento mecánico que está *parado;* también es una ostentación ó *apariencia,* que es propia de los objetos ó de las personas que á nuestra vista están *paradas.*

Parecer, como verbo, expresa las relaciones de semejanza de las cosas que existen ó que están *paradas;* usado como substantivo es el juicio ú opinión de las cosas; de aquí *aparecer, desaparecer, reaparecer, apar-entar,* aparición.

Amparar y *amparo* explican la acción de que se sostenga alguna cosa á fin de quede parada.

Aparear, aparejar y *aparejo* connotan la idea de orden que tienen las cosas al estar paradas ó preparadas.

Comparar es notar la semejanza ó diferencia de las cosas que están *paradas* ó que existen.

Disparar es lanzar un proyectil á fin de que no deje *parado* el objeto ó la persona á quien se *dispara*.

Dis-par-atar es quitar el orden, *lo parado* de las ideas expuestas, *dis* (negación).

Deparar es parar objetos ante la vista de alguien, regalarlos, donarlos.

Emparejar es hacer que el piso, el objeto quede *parado* ú ordenado.

Preparar, parar los objetos ordenadamente.

Reparar un edificio, es volverlo á *parar*, levantando sus paredes.

Separar es *parar* los objetos á distancia.

Transparentar es *aparecer* los objetos al través de los mismos.

Parado, por epéntesis, quedó *prado* y *pradera*, porque el terreno era ó estaba abandonado, suspenso ó parado.

¿Quién que tenga sentido común no reconoce que la palabra, retrato fiel de la idea, lleva en sí la historia del hombre, la historia de los pueblos, la historia de la humanidad?

Trigésimo octavo ejercicio.

La raíz *nam* (sánscrita), que se nos presenta en muchas palabras bajo la forma de *num*, *noc*, *nos* y *not*, nos da la idea de conocimiento, alma, naturaleza, y de ésta derivamos las siguientes palabras:

Numen.	Enumerable.
Numerar.	Innumerable.
Número.	Innúmero, ra.
Numerario.	Nombrar.
Numeración.	Nobramiento.
Numeral.	Nombradía.
Numerable.	Nombre.
Numeroso, sa.	Nombrado, da.
Numerosamente.	Nominar.
Numérico, ca,	Nómina.
Enumerar.	Nominativo, va.
Enumeración.	Nominal.

Nominalmente.
Nomenclatura.
Denominar.
Denominación.
Denominado, da.
Denominante.
Denodado, da.
Denodadamente.
Denuedo.
Ignominia.
Ignominioso, sa.
Ignominiosamente.
Pronombre.
Pronominal.
Renombrar.
Renombre.
Renombrado, da.
Sinónimo.
Sinonimia.
Supernumerario.
Noción.
Nocional.
Nota.
Notar.
Notabilidad.
Notable.
Notablemente.
Noticia.
Noticiar.
Noticioso, sa.
Noticiero, ra.
Notorio, ia.
Notario.
Notario, ia.
Notaría.
Notificar.
Notificación.
Nobleza.

Noble.
Noblemente.
Anotar.
Anotación.
Connotar.
Connotación.
Denotar.
Denotación.
Conocer.
Conocimiento.
Conocedor, ra.
Conocible.
Conocido, da.
Desconocer.
Desconocimiento.
Desconocido, da.
Diganosis.
Diagnosticar.
Ignorar.
Ignorancia.
Ignorante.
Ignorantemente.
Ignorantismo.
Ignoto, ta.
Innoble.
Innoblemente.
Inocencia.
Inocentada.
Inocente.
Inocentemente.
Prenotar.
Pronóstico.
Pronosticar.
Reconocer.
Reconocimiento.
Reconocido, da.
Nocivo, va.
Nocivamente.

Necio, ia.	Negativa.
Neciamente.	Negativo, va.
Necedad.	Negable.
Nosotros, as.	Negado, da.
Nuestro ra.	Negativamente.
No.	Denegar.
Ni.	Denegación.
Nada, nadie.	Innegable.
Nunca.	Renegar.
Negar.	Renegado.
Negación.	Reniego.

La raíz *nam* sanscrita que encierra la idea de conocimiento, signo, alma, convirtióse para los latinos en *nos, noi, noc, nom y num.*

Entre los muchos derivados latinos mencionaremos el verbo *nosco, novi, notum, noscere,* conocer, examinar, en el cual se manifiestan las tres variantes primeras. De aquí el pronombre *nos* (nosotros), y los sustantivos (*nomen*) *nombre, nota, noticia* y *noción,* número, numen y nombre.

Noc, not y nos encierran la idea de *conocer* y establecen una serie considerable de derivados, en los que fácil es darse cuenta de la significación de la raíz. Pero el *nombre* ó *nomen* latino ¿qué tiene que ver con la noticia, con el conocimiento? pues, grandes son las relaciones do estas dos palabras, puesto que todo *conocimiento,* toda *noción,* lo mismo de los objetos que de las ideas, se adquiere por el signo ó representación de la idea, la cual representación es el *nombre* del objeto ó de la idea que deseamos *conocer.*

El *nombre* ó *nomen* es, por lo tanto, el signo que nos muestra las *nociones* de los objetos ó de las ideas; así es que por medio de *nombres,* que son signos, por medio de palabras, que son ideas, se ensancha la órbita de todas nuestras facultades psíquicas.

El latín *numèrus* número es también nombre que representa la idea de cantidad y sirve para darnos noción de ella.

Queda demostrado que las formas *nom* y *num,* pertenecen á las que tienen el verbo latino *nosco, novi, notum, noscere,* conocer.

Trigésimo nono ejercicio.

De la palabra *génesis*, principio, nacimiento, raza, se formó el verbo *gig-no*, *gig-nis*, *gen-ui*, *gen-itum*, *gig-nere* engendrar, producir, procurar, con cuyas raíces *gig* y *gen* se formaron las palabras siguientes:

Génesis.
Género.
Genérico, ca.
Generación.
Generador, ra.
General.
Generalidad.
Generalísimo.
Generativo, va.
Generalizar.
Generalización.
Generalizable.
Generalmente.
Generosidad.
Generoso, sa.
Generosamente.
Gente.
Gentío.
Gentil.
Gentileza.
Gentilhombre.
Gentilidad.
Gentilmente.
Genialidad.
Genial.
Genialmente.
Genio.
Genitivo, va.
Genital.
Germen.

Germinar.
Germinación.
Germinal.
Genuino, na.
Gigante.
Gigantesco, ca.
Degenerar.
Degeneración.
Degenerante.
Congeniar.
Congenial.
Congénere.
Congénito, ta.
Engendrar.
Engendro.
Engendramiento.
Engendrado, da.
Ingeniar.
Ingeniero.
Ingeniería.
Ingenio.
Ingeniosidad.
Ingenioso, sa.
Ingeniosamente.
Ingenerativo, va.
Ingénito, ta.
Ingenuidad.
Ingenuo, ua.
Ingenuamente.
Progenitor, ra.

Progenie.
Progenitura.
Primogénito.
Primogenitura.
Regenerar.
Regeneración.
Regenerador.
Regeneramiento.
Regenerable.
Regenerativo, va.
Nacer.
Nacimiento.
Naciente.
Nacido, da.
Nación.
Nacional.
Nacionalidad.
Nacionalismo.
Nacionalizar.
Natal.
Natalicio.

Natalicia.
Natividad.
Nativo, va.
Nata.
Nato, ta.
Natura.
Naturaleza.
Natural.
Naturalmente.
Naturalista.
Naturalismo.
Naturalizar-se.
Naturalización.
Antinacional.
Desnaturalizar.
Desnaturalizado, da.
Internacional.
Innato, ta.
Renacer.
Renacimiento.

El griego *genaô* ó el latín *gignere* significan el acto de engendrar ó propagar la especie.

La forma etimológica *gen* que se manifiesta en las anteriores palabras, lleva exactamente el germen de la idea de *engendrar*, pues es la misma sanscrita *gan*, la misma griega *gen* de *genaô;* desde hace millares de años vivió en Atenas, ha visitado á Roma, y hoy ésta raiz ha fijado su residencia en las lenguas neo-latinas.

La palabra *genio* que es la inclinación ó facultad que por su propia naturaleza (¡ah, también naturaleza viene de *gan* ó del griego *gignomai*!) existe proporcionalmente dirigiendo los actos del género humano, ó los actos de las gentes que se llaman así, porque han sido engendradas.

La forma *germ* de *germen* es la misma sanscrita *yar* (dar el primer impulso de vida), *generosidad* es de *gentes* como la humanidad de los humanos ó de los hombres.

La *generación* de voces derivadas de *gan* ó *gen* es tan grande como una *generación* cualquiera de individuos, pues ¿cómo no debería procrear en el lenguaje la raíz *gan*, si es la propia generación?

Puede decirse de esta raíz que, á semejanza de los gentiles hombres, no ha cambiado mucho su abolengo, su prosapia, su elección primitiva; y si á veces lo hace, como por ejemplo para expresar el efecto de engendrar (el nacimiento) del ser niño ó del ser idea, es porque se expresa una idea nueva, consecuencia de la anterior; es también, porque la palabra de ayer no es la misma de hoy; es porque la palabra, como los individuos, sufre metamórfosis, atravesando capas, obedeciendo á las leyes incontestables de la evolución.

Cuadragésimo ejercicio.

La idea de movimiento la significaban los romanos con el verbo *mov-eo, mov-es, mot-um, mov-ere*, mover, con cuyo participio *mot-um* con terminaciones verbales formaron los mismos el verbo *mutt-o, as, mutt-are* mudar, estar mudo, cambiar, y fíjese el lector que los mudos y los sordos necesitan hacer movimientos para expresar sus ideas, y de aquí la palabra *mudar*, perder el habla ó trasladarse de un lugar á otro. Como en los anteriores ejercicios tomamos las raíces de estos verbos para la explicación de la formación de las palabras siguientes:

Mover.	Motivar.
Movimiento.	Motivo.
Móvil.	Motín.
Movible.	Moción.
Movilidad.	Mudar.
Moviente.	Mudanza.
Inmóvil.	Mudable.
Inmovilidad.	Mudo, da.
Inmovible.	Mudaz.
Movilizar.	Mutuo, ua.
Movilización.	Mutual.
Motor.	Mutualista.
Motora.	Moblar.
Motriz.	Mueble.

Amoblar.
Amueblar.
Desmueblar.
Desmueble.
Inmueble.
Amotinar.
Amotinación.
Amover.
Amovible.
Amabilidad.
Conmover.
Conmovible.
Conmutar.
Conmutación.
Conmutable.
Conmutativo, va.
Emocionar.
Emoción.
Inmutar.
Inmutación.
Inmutable.
Inmutablemente.

Permutar.
Permuta.
Permutable.
Promover.
Promoción.
Promotor, ra.
Remover.
Remoción.
Removible.
Remoto, ta.
Remotamente.
Remudar.
Remuda.
Remudable.
Remudador, ra.
Trasmutar.
Trasmutación.
Trasmutable.
Trasmutador, ra.
Automóvil.
Locomotora.

De la variante supina *motum*, del verbo *movere*, formamos muchas de las voces predichas; esta raiz *mot-um* igualmente ha servido para crear, en el latin, el verbo *muttare* (perder el habla), cambiar de lugar, cuya radical *mutt* equivale á la castellana *mudd*, de donde aparece el verbo *muddar* ó *mudar*. La idea de *moverse* aparece clara en la palabra *mueble*, que es un objeto que se puede mover (bienes, enseres).

En este ejercicio como en los anteriores, hemos explanado nuestra doctrina con expresión de razones fundamentales de la Filología; pero al hacerlo, no hemos agotado la afluencia de voces de una raiz determinada, sino que hemos establecido con certidumbre, hasta donde nos es dable y hacedero, la serie de ecuaciones de relación entre la idea de la raíz y la connotación de las voces derivadas; siempre de éstas mencionaremos las que, á nuestro humilde entender, poseen un frecuente uso.

Cuadragésimo primero ejercicio.

De la palabra *porta*, puerta, formaron los latinos el verbo *port-o*, *port-as*, *port-atum*, *port-are*, llevar, conducir. La significación de la raíz *port* persiste en todos los derivados que son palabras de común uso en el idioma español.

Puerta.	Exportable.
Puerto.	Importar.
Portón.	Importación.
Portal.	Importe.
Portero, ra.	Importador.
Portado, da.	Importable.
Portátil.	Importancia·
Porte.	Importante.
Portar, se.	Importantemente.
Portazgo.	Importunar.
Portería.	Importunación.
Portillo.	Importuno, na.
Portazgo.	Importunadamente.
Portear.	Importunamente.
Porteo.	Importunidad.
Pórtico.	Oportunidad.
Aportar.	Oportuno, na.
Aportadera.	Oportunamente.
Aportillar.	Reportar.
Comportar.	Reporter.
Compuerta.	Reportazgo.
Comporta.	Reportación.
Comportable.	Reportado, da.
Comportamiento.	Reportamiento.
Deportar.	Reportable.
Deporte.	Soportar.
Deportación.	Soporte.
Exportar.	Soportable.
Exportación.	Trasportar.
Exportador.	Trasporte.

6.

Trasportación.

Trasportable.

Portamonedas.

Portapluma.

Portafusil.

Portacartas.

Pasaporte.

La palabra *porta*, puerta, está formada de la raíz sánscrita *par*, que da la idea de pasar, llevar, conducir.

Naturalmente que los edificios que servían de entrada ó paso hacia las antiguas ciudades, eran, como son hoy, puertas.

Los *puertos* del mar son las *puertas* ó entradas de un país.

Port, raíz latina, que entra en composición de las palabras que anotamos, es invariable, no solamente en su estructura sino también como todas las raíces, en su significación primitiva ; contiene, sin embargo, pocas acepciones metafóricas.

Cuadragésimo segundo ejercicio.

Del latín *facio, feci, factum, facere*, hacer, tenemos las siguientes palabras :

Hacer.

Hacedor, ra.

Hacienda.

Hacendado.

Hacendoso, sa.

Hacha.

Hecho.

Hechura.

Hechicero, ra.

Hechizar.

Hechizo, za.

Factor.

Facturar.

Factura.

Factible.

Facticio, ia.

Facilidad.

Fácil.

Fácilmente.

Facilitar.

Facilitación.

Facción.

Faccioso, sa.

Faccionado, da.

Facultar.

Facultad.

Facultativo, va.

Facultativamente.

Facultoso, sa.

Fachendoso, sa.

Fabricar.

Fábrica.

Fabricante.
Fabricable.
Fabril.
Faena.
Fagina.
Fecha.
Fechoría.
Fehaciente.
Afecto.
Afección.
Afectuoso, sa.
Afectuosamente.
Afectar.
Afectación.
Aficionar-se.
Afición.
Aficionado, da.
Aficionadamente.
Confeccionar.
Confección.
Confeccionador, ra.
Confeccionable.
Defecto.
Defectuoso, sa.
Defectible.
Defectivo, va.
Defectivamente.
Defectuosidad.
Deficiencia.
Deficiente.
Deshacer.
Deshecho.
Difícil.
Difícilmente.
Dificultad.
Dificultar.
Dificultoso, sa.
Efecto.

Efectivo, va.
Efectivamente.
Efectuar.
Eficacia.
Eficaz.
Eficazmente.
Eficiencia.
Eficiente.
Eficientemente.
Infectar.
Infección.
Infecto, ta.
Desinfectar.
Desinfección.
Desinfectable.
Oficiar.
Oficio.
Oficial.
Oficialmente.
Oficialidad.
Oficina.
Oficinista.
Oficiosidad.
Oficioso, sa.
Oficiosamente.
Perfeccionar.
Pefección.
Pefeccionamiento.
Perfeccionable.
Perfecto, ta.
Perfectamente.
Imperfección.
Imperfecto, ta.
Impefectamente.
Prefecto.
Prefectura.
Prefacio.
Rehacer.

Rehecho, a.
Suficiencia.
Suficiente.
Suficientemente.
Insuficiencia.
Insuficiente.
Insuficientemente.
Satisfacer.
Satisfacción.
Satisfecho, a.

Satisfactorio, ia.
Satisfactoriamente.
Santificar.
Santificante.
Manufacturar.
Manufactura.
Manufacturero, ra.
Bienhechor, ra.
Malhechor, ra.

La raíz *dha*, sánscrita, dió lugar á la formación del verbo latino *facio, facis, feci, factum, facere*, hacer, ejecutar, causar algo, ser apto.

Derívanse de este verbo las partículas *fico, ficium* y *ficare*, que usándose como. pseudos sufijos en muchas palabras, añaden á ellas cualquiera de las acepciones que posee el verbo á que hacemos referencia; v. g.: magnífico, pacífico, de *magnus*, grande, *pax*, paz y *fico*, de *facere*.

Santificar, hacer sagrado ó santo algo.

La palabra *afecto*, de *ad* y *fecto*, variante de *factum*, marca la idea de una actividad amorosa ó viciosa, de hacer con tendencia á... que es la significación del prefijo.

Fácil y *facilidad* nos dan la idea de la consecuencia del trabajo, de hacer: « el mucho trabajo facilita las cosas. » *Oficio* es trabajo, *oficina* es el lugar donde trabaja el oficial ú *oficionista*.

Perfección es el último grado de adelanto de las cosas por el buen trabajo (*facere*).

La significación de *facere* no se debe confundir con la de *agere* (acción); el primero nos indica la actividad desplegada de la acción de hacer, el segundo es la actividad misma la que se considera.

Prolijos seríamos si siguiéramos dando más explicaciones; pues en las principales de la familia de *facere*, se siente íntimamente la connotación del mismo, acompañada de las ideas modificativas de los prefijos y sufijos.

Cuadragésimo tercero ejercicio.

Del griego *agó*, llevar, conducir, formaron los latinos los verbos *ag-o*, *ag-is*, *act-um ag-ere* y *ger-o*, *gess-i*, *gestum*, *ger-ere* con igual significación. Haciendo uso de las formas radicales *ag* y *act*, *ger* y *gest* con partículas iniciales y postpositivas, establecemos una serie de palabras cuyo conocimiento explicamos en este ejercicio.

Acción.
Acto.
Actitud.
Actividad.
Activo, va.
Activamente.
Activar.
Accionar.
Acta.
Accionista.
Actor.
Actriz.
Actuar.
Actuario,
Actualidad.
Actual.
Actualmente.
Actuante.
Agencia.
Agente.
Agenciar.
Agenciador, ra.
Agencioso, sa.
Agilidad.
Agil.
Agilmente.
Agitar.
Agitación.
Agitador, ra.

Adagio.
Conato.
Exagerar.
Exageración.
Exagerado, da.
Exaccóin.
Exactitud.
Exactor.
Exacto, ta.
Exactamente.
Inexactitud.
Inexacto, ta.
Inexactamente.
Inactividad.
Inactivo, va,
Inactivamente.
Reacción.
Reaccionar.
Reaccionario, ia.
Reactividad.
Reactivo, va.
Reactivamente.
Reactor.
Retractar-se.
Retracción.
Retracto.
Retractable.
Practicar.
Práctica.

Practicante.	Ambigüedad.
Practicador, ra.	Antiguo, ua.
Practicable.	Antigüedad.
Práctico ca.	Antiguamente.
Practicamente.	Contiguo, ua.
Impracticable.	Contigüedad.
Ambiguo, ua.	Exiguo, ua.

El *acto* es el resultado inmediato y simultáneo de la acción (gerere). *Actiuar* es excitar, animar algo para que se ponga en *acción*.

Actual y *actualidad* es el tiempo en que las acciones se operan.

Agente es un motor *actuante*. *Agencia* es el oficio de hacer encargos. *Exacto* y *exactitud* es lo que se ajusta, lo que está ajustado al acto ó al tiempo en que el mismo se debe ejecutar.

Exagerar (*gerere* y *ex*) es ponderar el *acto* ó la acción, describir alguna cosa, abultando sus cualidades ó sus defectos.

Practicar es repetir unos mismos actos, de *pro* apocopado y *áctica* de *actus*.

Agil es lo que se mueve con facilidad, como la *acción* que es inmediata y pronta.

Las formas radicales *ger* y *gest* del verbo *gero, gessi, gestum, gerere*, formado de *agere, actum*, por aféresis, connotan las mismas acepciones que éste. Observe el lector el siguiente ejercicio: el verbo *gero*, formado, como lo indicamos, de *ago*, latin ó *ago* griego, da lugar á que, en virtud de una metátesis, este *gero*, cuyo supino es *gestum*, quede *gre* por *ger-o*. En esta forma la raíz toma los sufijos ó flecciones verbales *dior, diris, essus, di*, y aparece el verbo *gradior, grediris, gresus, gradi*, de significación análoga á *agere*, de *actum*.

Cuadragésimo cuarto ejercicio.

Gerente.	Gestionar.
Gerencia.	Gestor.
Gestión.	Gesticular.
Gesto	Gesticulación.

Gesticulador, ra.
Gremio.
Grey.
Grupo.
Agrupar.
Agrupación.
Agrupador, ra.
Agregar.
Agregación.
Agregado.
Agregativo, va.
Agremiar.
Agredir.
Agresión.
Agresor, ra.
Agresivo, va.
Agresivamente.
Congregar.
Congreso.
Congregación.
Congregante.
Congregacionalismo.
Congruencia.
Congruente.
Incongruencia.
Congestionar-se
Congestión.
Congestivo, va.
Digerir.
Digestión.
Digerible.
Indigestión.
Indigestible.
Indigesto, ta.
Digredir.
Digresión.
Disgregar.
Disgregación.

Disgregante.
Disgregable.
Egregio, ia.
Egregiamente.
Egreso.
Egresión.
Exigir.
Exigencia.
Exigente.
Exigible.
Inexigible.
Inexigido, da.
Ingresión.
Iugresable.
Ingresadamente.
Ingrediente.
Ingerir.
Ingerencia.
Ingeridamente.
Ingertar.
Progresar.
Progreso.
Progresor, ra.
Progresista.
Progresión.
Progresibilidad.
Progresivo, va.
Progresivamente.
Regresar.
Regreso.
Regresión.
Regresor, ra.
Regresivo, va.
Regresivamente.
Segregar.
Segregamiento.
Segregador, ra.
Segregativo, va.

Segregable. .
Sugerir.
Sugestión.
Sugerimiento.
Sugestible.
Transgredir.
Transgresión.
Transgresor, ra.
Transigir.

Transigente.
Transigible.
Intransigente.
Antiprogresista.
Peregrinar.
Pereginación.
Peregrinaje.
Peregrino, na.
Peregrinamente.

Éste y el anterior ejercicio nos han reportado cerca de doscientas palabras de uso constante en el idioma castellano; pero dejamos en el tintero otras muchas voces, para mejor inteligencia del lector aficionado á este género de excursiones, en donde, dicho sea de paso, nos complacemos al penetrar en el espíritu de ciertos hechos que yacen en el polvo del olvido, y que, para ciertos criterios del siglo del vapor y de la electricidad, son considerados sin valor alguno, no obstante que de ellos emana la fuente viva de la formación y progreso de las lenguas. .

Cuadragésimo quinto ejercicio.

Del sánscrito *sur*, lanzar rayos, se formó la palabra *sunus*, sol, y de aquí *sol*, *solis*, el sol ; de esta palabra nacieron los vocablos siguientes, en donde la raíz muy frecuentemente cambia de significación, tomando una acepción tropológica.

Sol
Solo (sust.).
Solo, la.
Solamente.
Solar (adj. sust.)
Solazar.
Solitario.
Solitario, ia.
Solitaria.
Soledad.
Soltero, ra.

Solterón.
Solterona.
Sóleo.
Soler.
Solsticio.
Solemnidad.
Solemne.
Solemnemente
Solemnizar.
Solemnización.
Solazar-se.

Asolar.	Desolado, da.
Asolear-se.	Consolar.
Asolamiento.	Consuelo.
Desolar.	Consolación.
Desolación.	Consolador.

El astro luminar del día se llamó en sánscrito como se llama en el idioma sajón *sun* (*n* por *l*), *sul* ó *sol* en latín y en castellano. El hombre observó que el astro del día estaba *solo*, porque todavía la ciencia no le demostraba lo contrario, y creó las palabras *solo, solamente, soledad, solitario*. El que está *solo*, como dice Barcia, necesita de *solaz* y recreo.

El *sol* invariablemente acostumbra á salir ó *suele* salir; de aquí el verbo *soler*.

Solemne y *solemnidad*, de *sol* y *annus*, año, sólo y únicamente en el año.

Se *consuela* á los que están *solos;* de aquí *consolar* y *consuelo. Desolar* es dejar *solo* un país ó habitación.

¡Cuántas revoluciones efectuaría la tierra alrededor del *sol* desde que los habitantes de este planeta, comprendiendo que el *sol* estaba *solo*, que era único en el firmamento, hasta que se verificaron igualmente revoluciones en lenguaje, hasta que la idea de *sol* dió lugar á acepciones de *soledad*, de *desolación*, de *solemnidad, consuelo* y de *solicitud!...*

Cuadragésimo sexto ejercicio.

Del latín *dux*, jefe, general, se formó el verbo *duco, ducis, ductum, ducere*, llevar, conducir.

Duque.	Aducir.
Duquesa.	Aducción.
Dúctil.	Conducir.
Ductibilidad.	Conducto.
Ducha.	Conducción.
Ducho, a.	Conducente,
Dócil.	Conductor, ra.
Docibilidad.	Conducta.
Dócilmente.	Conductibilidad.

7

Conducible.

Conductivo, va.

Conducentemente.

Deducir.

Deducción.

Deducible.

Deductivo, va.

Educar.

Educación.

Educador, ra.

Educado, da.

Educamente.

Educable.

Inducir.

Inducible.

Inconducible.

Inducción.

Inductor.

Inductivo, va.

Indúctil.

Indócil.

Indocibilidad.

Indocto, ta.

Introducir.

Introducción.

Introductor, ra.

Introducible.

Introductivo, va.

Producir.

Produccion.

Producto.

Productor, ra.

Productivo, va.

Producente.

Producible.

Contraproducente.

Reproducir.

Reproducción.

Reproductivo, va.

Reducir.

Reducción.

Reductor, ra.

Reducible.

Reducido, da,

Reducidamente.

Seducir.

Seducción.

Seductor, ra.

Seducible.

Seductivo, va.

Traducir.

Traducción.

Traductor, ra.

Traducible.

Acueducto.

Archiduque, esa.

Dux, en latin, es el jefe, el general, el que *conduce*, el que dirige.

Ductibilidad es la propiedad que tienen los metales de llevarse ó *conducirse* á hilos.

Decimos que una persona es *ducha (ducta)* cuando es práctica y diestra, habituada en el desempeño de alguna cosa; *ducha* es también el caño ó tubo de agua que la *conduce.*

Aducir es llevar, traer, exponer pruebas, datos, etc.

Conducir es transportar algo, como carros, equipaje etc.

Conducta es la manera de dirigir ó *conducir* nuestras acciones.

Deducir es inferir, sacar una inferencia ó *deducción*; la *deducción* es una operación mental de la que de cosas conocidas se pasa á otras que tengan alguna relación con las primeras.

Educar es dirigir á los niños á ser hombres, teniendo en cuenta las facultades físicas, morales ó intelectuales de los mismos.

Inducir es instigar, dirigir con fuerza el conocimiento de algo, persuadir.

Introducir, llevar dentro.

Producir es dar origen á alguna cosa, llevándola ó dirigiéndola á la acción vital.

Reducir es estrechar, transportar una cosa á un aminoramiento, á una estrechez determinada.

Seducir es llevar ó conducir moralmente á la perversidad á alguien, corromper, engañar á una mujer.

Traducir es trasladar las ideas de un idioma á otro.

Hay en el espíritu de los pueblos ideas tan comunes, tan conocidas, tan triviales, porque se piensan y se practican todos los días, todas las horas, á cada momento; que tienen diferentes palabras ó signos para representarlas: tales son las ideas de llevar, transportar, marchar, que se expresan respectivamente en *ducere, ferre, portare, agere* y otras muchas. El lector quedará persuadido de que, en el progreso de las lenguas como en el progreso de los pueblos, una idea sucede á otra idea, lo que equivale á decir que un sonido camina en pos de otro sonido, una nota tras otra nota, hasta que, esparcidos en la inteligencia del hombre tan múltiples como preciosos elementos, llega el arte, los ordena, los combina, los hermosea.

Cuadragésimo séptimo ejercicio.

Los helenos tienen la palabra *metrón*, metro, medida, y la idea de dimensión en latin se expresa con el verbo (*metior, metiris, mensus, metiri*), medir. El lector encontrará en este ejercicio casi todas las palabras que, con las raices griega y latina susodichas, han sido directamente derivadas al español, notándose en muchas de éstas la idea de medida y división, aplicada tanto á los cuerpos como al tiempo.

Metro.
Métrico, ca.
Medir.
Medida.
Medidor, ra.
Medio, ia.
Mediar.
Mediero, ra.
Mediocre.
Mediocridad.
Mediano, na,
Medianamente.
Medianero, ra.
Mediato, ta.
Mediatamente.
Mediante.
Medianidad.
Meditar.
Meditación.
Meditable.
Meditabundo, da.
Medicina.
Médico, ca.
Medicinar.
Medicamento.
Medicinal.
Medicinalmente.
Mes.
Mensual.
Mensualidad.
Bimestre.
Trimestre.
Menstruar.
Menstruación.
Mesurar.

Mesurado, da.
Mesura.
Mensurabilidad.
Mensurable.
Mensuración.
Inmensurabilidad.
Inmensurable.
Inmensurablemente.
Comensurable.
Comedia.
Comediante.
Comedir-se.
Comedimiento.
Comedido, da.
Comedidamente.
Desmesurar.
Desmesura.
Desmesurado, da.
Dimensión.
Diámetro.
Diametral.
Diametralmente.
Inmediato, ta.
Inmediatamente.
Inmensidad.
Inmenso, sa.
Intermediar.
Intermedio, ia.
Intermediario, ia.
Intermediariamente.
Premeditar.
Premeditación.
Premeditado, da.
Premeditadamente.
Promediar.

Promedio.

Remediar.

Remedio.

Remediador, ra.

Remediable.

Irremediable.

Irremediablemente.

El sánscrito *madh* representa la idea de medir, la idea de curar, porque se sujetaba el enfermo á ciertas *medidas*, á ciertas reglas. De este *madh* se formaron las palabras latinas *medius* (medio), *medicus* (médico), *medicina*, y los verbos *metior*, *metiris*, *mensus*, *metiri*, *medir*, apreciar las *dimensiones* de los cuerpos. De la misma manera los griegos formaron la palabra *metrón* que creá en nuestro idioma muchas palabras por justa posición.

Hechas estas breves advertencias, atienda el lector que, en la lista que ante sus ojos presentamos, se hallan todas las palabras con las formas *med*, *mens*, *mes* y *met* que se derivan del primitivo *madh*, idea de medir.

Medio es la *mitad* de un cuerpo; pero entre una *mitad* y otra debe existir una línea, un punto llamado *medio*, que existe entre dos extremos. Para conseguir un fin que está distante, tenemos que echar mano de los *medios*, y de aquí es que la palabra *medio* está en la acepción de recurso.

La palabaa *médula* se llama así, porque es la substancia encefálica que corre por en *medio* de las vértebras.

Meditar es aplicar el pensamiento á la consideración de alguna cosa en todas sus *medidas*, en todas sus extensiones. *Mes*, del latin *mensus*, porque el mes es una porción ó *medida* de tiempo.

Remedio y *medicamento* proceden de una misma etimología; ¿cómo no, si el *medicamento* sirve para que el enfermo se sujete á *médicos*, si el *medicamento*, como el *remedio*, es *medida*?

Por lo que respecta á las demás palabras, el lector debe estar convencido de la significación constante pero modificable de *med*, *mens*, *met*, que son una misma, procedente de la sánscrita mencionada.

Cuadragésimo octavo ejercicio.

De la palabra *signum*, imagen, signo, crearon los latinos el verbo *sign-o*, *sign-as*, *sign-atum*, *sign-are*, señalar, marcar, sellar una imagen, una idea; de esta raíz, cuya significación se conserva en castellano al través de un admirable desarrollo fiilológico, tomamos únicamente las siguientes voces :

Signo.
Signar.
Signatura.
Signamiento.
Signador.
Significar.
Significación.
Significado.
Significancia.
Significable.
Asignar.
Asignación.
Asignado.
Asignatura.
Asignador, ra.
Asignable.
Consignar.
Consignación.
Consigna.
Consignador.
Consignatario.
Designar.
Designación.
Designable.
Designio.
Designador, ra.
Designo, na.
Desiguativo, va.
Insignificación.
Insignificancia.
Insignificante.
Insigne.
Insignemente.

Resignar.
Resignación.
Resigna.
Resignante.
Resignatorio.
Resignable.
Resignadamente.
Sigilar.
Sigilo.
Sigiloso, sa.
Sigla.
El sino (hado ó casualidad).
Singularidad.
Singular.
Singularmente.
Singularizar.
Sellar.
Sello.
Sellador.
Contrasellar.
Contrasello.
Seña.
Señalar.
Señalamiento.
Señal.
Señalado, da.
Contraseña.
Señor, ra.
Señorita.
Enseñar.
Enseñanza.
Enseñador, ra.
Enseño.

Enseñable.

Enseñado, da.

Enseñorear-se.

Reseñar.

Reseña.

Persignar.

De la raíz arayana *sak*, decir con signos, formaron los griegos la palabra *sigma*, marca; los latinos *signum*, *signo*, y los germanos *sag-en*, decir.

Signo es una señal, un indicio, una nota; *insigne* equivale á notable, como enseñar equivale á conocer; de aquí que la enseñanza es el conocimiento de las cosas por medio de *signos*, es decir, que es objetiva.

Noc ó *not* de notar ó conocer, se refiere á la idea, al *signo*, *significar* á la misma idea representada por una marca ó *señal*.

Singular, adj., lo único, lo exclusivo, que tiene *signo* ó *marca*.

Significar, dar á entender, manifestar las ideas. Las palabras son signos de las ideas.

Asignar es señalar, determinar, mandar asignar una dote.

Designar, más bien mandar, ordenar « los designios de la naturaleza. »

Consignar, poner la marca, el *signo*, el nombre á algún objeto, á alguna carta, enviar, etc.

Reseñar, es referir, hablar, decir á grandes rasgos un suceso, un hecho cualquiera, « La *reseña* del domingo. »

Sigilar es callar, reservar alguna cosa, ponerle sello, marca ó signo á la lengua.

La palabra es un arcano que á todo nos impulsa; porque es la idea que en la nave de los tiempos ha surcado mares desconocidos; ha arribado á regiones nunca soñadas, porque ella nunca está quieta, no tiene paciencia para permanecer en los volúmenes que devora el polvo, sino que reside indistintamente, lo mismo brillando en la conciencia de los pueblos, que latiendo en el corazón de los poetas, que bullendo en las manifestaciones del genio.

Cuadragésimo nono ejercicio.

Del sánscrito *kap* formaron los latinos la palabra *caput*, (cabeza), y de ésta el verbo *capio, cepi, captum, capere,* pensar, tomar, recibir.

Cabeza.
Cabecera.
Cabello.
Cabellera.
Cabelludo.
Cabildo.
Cabo.
Cabotaje.
Cabal.
Cabalar.
Cabalmente.
Caballero.
Caballería.
Cabelleriza.
Caballada.
Caballar.
Cabecear.
Cavar.
Cavidad.
Caber.
Capaz.
Capacidad.
Capar.
Capador.
Capadura.
Capataz.
Capear.
Capeo.
Capelo.
Capellán.
Capilla.
Capilar.
Capilaridad.
Capirote.
Capa.
Capote.
Capitán.
Capital.

Capitalista.
Capitalizar.
Capitalización.
Capitalmente.
Capitania.
Capitanear.
Capitolio.
Capítulo.
Capitular.
Capitulación.
Capitulario.
Caporal.
Capricho.
Caprichoso, sa.
Caprichosamente.
Caprichudo, da.
Capucho.
Capuchón.
Capuz.
Capullo.
Caudal.
Caudillo.
Caudaloso, sa.
Cautela.
Cautivo, va.
Cauto, ta.
Chaveta.
Chapuza.
Chapuzar.
Chapucero, ra.
Cadete.
Catéter.
Cacúmen.
Acabar.
Acabado, da.
Acabalar.
Acabalado, da.
Concavidad.

· Cóncavo, va.
Decapitar.
Decapitación.
Descabellar.
Descabellado, da.
Encabezar.
Encabezado, da.
Encabellar.
Encaprichar-se.
Escapar.
Escape.
Escapado, da.
Inacabable.
Incapacitar.
Incapacidad.
Incapaz.
Incauto, ta.
Precaver.
Precaución.
Precavido, da.
Imprecaución.
Recabar.
Recabado, da.
Recapitular.
Recapitulación.
Recapacitar.
Recaudar.
Recaudación.
Recaudador, ra.
Recaudo.
Recaudable.
Cepo.
Cepillo.
Acepillar.
Aceptar.
Aceptación.
Aceptante.
Acepto, ta.

Acepción.
Aceptado, da.
Aceptable.
Aceptablemente.
Concebir.
Concepción.
Concepto.
Conceptuar.
Conceptuoso, sa.
Concebible.
Inconcebible.
Decepción.
Deceptivo, va.
Exceptuar.
Excepción.
Excepto, ta.
Excepcional.
Excepcionalmente.
Inceptión.
Incipiente.
Precepto.
Preceptuar.
Preceptor.
Percibir.
Perceptión.
Percibimiento.
Percibido, da.
Perceptivo, va.
Precipitar.
Precipitación.
Precipicio.
Príncipe.
Princesa.
Principal.
Principalmente.
Principiar.
Principio.
Principiante.

Recibir.	Civilización.
Recepción.	Civilizado, da.
Recibo.	Cívico, ca.
Receptor, ra.	Civilidad.
Recibimiento.	Civil.
Recibido, da.	Civilmente.
Receptoria.	Incivilidad.
Receptáculo.	Incivil.
Reciprocidad.	Incivilmente.
Reciprocar.	Ciudad.
Recíproco, ca.	Ciudadano.
Reciprocamente.	Ciudadela.
Susceptibilidad.	Ciudadanía.
Susceptible.	Ocupar.
Occipital.	Ocupación.
Anticipar.	Ocupador, ra.
Anticipación.	Ocupable.
Emancipacion.	Desocupar.
Emancipador.	Desocupación.
Emancipable.	Preocupar.
Mancebo, ba.	Preocupacióu.
Discípula.	Preocupable.
Condiscípulo.	Preocupado, da.
Discipulado.	Cuba.
Disciplinar.	Cubano, na.
Disciplinado, da.	Cubo.
Disciplina.	Cúbico, ca.
Civilizar.	Cubeta.

El esclarecido filólogo español Roque Barcia, en su mag
nifica obra *Formación de la Lengua Española*, página 150,
edición del año de 1872, analiza la palabra *caput*, cabeza,
cuya raiz *cap*, la toma únicamente en las formas *cap, cab,
chab* y *cip*, mostrándonos 177 voces por derivación y composición de las dos primeras (*cap, cab*) y 27 de las dos úl-
mas (*chab* y *cib*), completándonos así 204 voces de la raiz
de *caput*. De estas 204 voces tomamos nosotros 86, descu-
briendo en nuestra exploración etimológica 121 palabras
que pertenecen á la misma raiz, como lo vamos á demos-

trar, aunque sencilla y prontamente; pero antes de hacerlo, nos atrevemos á invitar á Barcia para que, acerca de esta raiz *cap*, hable con esa naturalidad y sencillez, hijas de un admirable talento. Digámoslo : «El latin tiene el nombre *caput, capitis*, cabeza en castellano, *cap* en catalán.

El hombre advirtió que llegaba al remate de una obra, á la última, á la cabeza, y dijo *acabar*.

Vió que moria, y dijo tambien que *acababa*, porque llegaba efectivamente al *cabo* ó cabeza de la vida.

Vió que otro iba al frente de un ejército, que era jefe, su cabeza, y dijo que lo *acaudillaba*.

Observó que uno daba antes el *capital*, el fondo, el numerario, y llamó esto *anticipar*, que equivale á si hubiese dicho *anticapitar*, dar el capital antes.

Luego notó que otro movia la *cabeza*, y dijo que *cabeceaba*.

Notó tambien que la ponia sobre una especie de reclinatorio, y de aquí el vocablo *cabecera*.

Vió que en la cabeza teníamos vello y lo denominó *cabello; capillus*, pelo de la cabeza.

Vió que á determinados animales se les ponia un aparato en la *cabeza* para sujetarlos y dirigirlos, y de aquí *cabestro, cabezal* y *cabezón*.

Vió que una colina terminaba en punta, que tenia cabeza, y la llamó *cabezo*.

Vió que cierta corporacion era la *cabeza* del pueblo, y la llamó *cabildo*.

Vió que una casa era la *cabeza* de las otras, y la denominó casa *capitular*.

Vió que unos hombres ejercían mando sobre sus semejantes, que figuraba á la *cabeza* de los demás, y de aquí *cabo, caporal, capataz, capitán, caudillo*.

Vió que se valian de muchos objetos para cubrirse la *cabeza* y de aquí *capa* (que al principio cubria la cabeza) *capuz, capote, capucha, capuchina, chapeo, capelo, capuchón, capuchino*.

Vió que un hombre era persona de *cabeza*, y de aquí *capaz, capazmente, capacidad*.

Vió que á los machos se les privaba de su *capacidad* generadora, y de aquí *capar, capón*.

Vió que se imponían ciertas derramas por cabeza de vecino; de allí se origina *capitación.*

Vió que en los libros había un epígrafe que estaba á la *cabeza* de cada división de la obra; y lo llamó *capítulo.*

Vió que una ciudad hacía *cabeza* de las demás de su circunscripción ó distrito, y la denominó *capital.*

Vió que entre los sitiadores y los sitiados se escribían capítulos para la rendición de un castillo, fortaleza, plaza, y de aquí proceden *capitular, capitulación.*

Vió que había una parte superior que coronaba la columna, es decir, una parte que hacía en la columna lo propio que hace la cabeza en el cuerpo humano, y la denominó *capitel.*

Levantó un templo que era la *cabeza* del mundo, y lo denominó *capitolio.*

Vió que, cuando menos se aguarda, nos acuden á la *cabeza* antojos volanderos y raros, y de aquí nacen las voces *capricho, caprichoso, caprichosamente, encapricharse.*

Experimentó que el dinero era la *cabeza* de toda operación ó empresa mercantil, y de aquí vienen *capital* y *capitalizar.*

Vió que las flores principiaban por un botón que venía á ser como la cabeza de aquellas flores anunciadas, y lo denominó *capullo;* el *capullo* es como el *capelo* de la flor.

Vió que se arrojaban al mar de *cabeza,* y de aquí *capuzar, chapuzar, chapuzón.*

Supo que en la parte superior de la *cabeza* teníamos un hueso y lo denominó *occipital.*

Vió que la cabeza tiene una parte por donde se une á las vértebras del cuello, y la llamó *occipucio.*

Advirtió que se hacía el censo de población por *cabeza* de habitante y de aquí *catastro,* que vale tanto como *encabezamiento.*

Observó que alguno caía de *cabeza* en alguna sima ó profundidad, y dijo que se *precipitaba,* como si quisiera significar que se *precapitaba,* ó que la cabeza precedía á los piés. Esto explica que, etimológicamente hablando, *precipicio* debería llamarse *precapicio.*

Vió que muchos objetos tenían un extremo, como la cabeza es una extremidad de nuestro organismo, y aquel extremo fué llamado *cabo.*

Vió que un buque iba de *cabo* á *cabó*, y dijo que hacía *cabotaje*.

Notó que la cabeza suele tomarse en sentido burlesco, porque los hombres nos burlamos hasta de nuestra misma cabeza, y de aquí vino el nombre de *chaveta* por *caveta*.

Vió que los *capellanes* eran los jefes de sus iglesias, y de aquí la palabra *capilla*.

Supo que la baja latinidad tenía la voz *capitetum*, que expresaba cierto grado de distinción en la milicia, y de *capitetum*, que tiene algo de capitán, derivó el vocablo *cadete* por *capete*.

Luego vió que uno hacía de *cabeza* entre los demás, y lo distinguió con el nombre de *principal*, que vale tanto como si dijéramos *precapital*.

Luego vió que otro representaba la autoridad de todo el mundo, que era la primera *cabeza (primum caput)* y lo llamó *príncipe*.

Cabal es lo llevado á *cabo*, lo *acabado*, lo completo de piés á *cabeza*. Internándonos más en el asunto, hallamos que *caber* significa tener *capacidad* para contener algo en sí propio. Y si *caber* expresa la idea de ser capaz de algo, ¿no debe venir de donde viene *capacidad*?

Pero no es esto solo: *descalabrar* quiere decir romper la *cabeza;* ¿no debería referirse á la etimología de *caput*?

Caletre significa juicio, discurso, consejo, razón, mente, ingenio, capacidad: ¿existiría la voz *caletre* si no existiera la voz *cabeza*? ¿No debe referirse á la misma etimología?

Recapacitar no es otra cosa que ejercer la *capacidad* de recordar con meditación. ¿Quién puede poner en tela de juicio que recapacitar viene de *caput*, como *capazmente*?

Si al hacer la enumeración de un pueblo tuviéramos que dar *principio* por la persona de más dignidad, ¿por quién principiaríamos? Es evidente que por el *príncipe*, luego *príncipe* y *principiar* tienen un sentido común, que correponde exactamente á la igualdad perfecta de su formación.

Principiar significa que á la *cabeza* va lo primero, que se comienza por lo más importante, por lo más *capital*.»

Hasta aquí Barcia, que con derroche de ingenio, escudriña el lenguaje; á lo dicho por él añadiremos que del *caput* latino se han formado los verbos *capio, cepi, captum*, *capere, captar,* coger, pensar, de donde vienen las voces *cautivo, caudal, recaudar.*

Pero no es esto todo, lo decimos con Barcia; del pretérito *cepi,* y el prefijo *con,* formó la literatura romana otro verbo: *concipio; concepi, conceptum, concipere,* tomar ó recibir á la vez, de donde vienen las voces *concebir, conceptuar, concepción, concepto.*

Con el prefijo *ad,* se forma el verbo *accipere, acceptum, aceptar, acepción, aceptación,* castellanos.

Con el prefijo *de* formamos *decipere, deceptum,* engañar; que una apariencia coja o tome visos de realidad: *decepcionar, decepción.*

Discípulo, de *dis,* pref. y *cipere,* tomar: que toma ó recibe conocimiento.

Con el prefijo *ex* se forma el verbo *excipere, exceptum,* estar fuera de coger ó de tomar, y de aquí *exceptuar, excepción.*

Con el prefijo *in* obtenemos el verbo *incipere, inceptum,* no tomar, no coger; de aquí las voces *incipiencia, incipiente,* falto de conocimientos, ó bien comenzar, principiar.

Con el prefijo *per* se ha formado el verbo *percipere, perceptum, percibir,* tomar nociones de las cosas por los sentidos: *percepción.*

Con el prefijo *pre* igualmente formamos el verbo *precipere, preceptum,* tomar con autoridad las nociones de las cosas, de aquí *preceptor, precepto.*

Con el prefijo *re* se forma el verbo *recipere, receptum, recibir,* de aquí *recepción, recipiente,* y *receptor.*

Y por último, con el prefijo *sus* formamos el verbo *suscipere, susceptum,* fácil de tomar, de coger; de aquí las voces *susceptibilidad* y *susceptible.*

En otros ejemplos, indistintamente la raiz *cap* se trueca en *cep* y *cip,* formas que no estudia Barcia.

Cavar debe ser *cabar* porque tiene cavidad de *caber.*

Cuba, tonel, porque igualmente tiene *capacidad.*

Ocupar es coger, tomar posesión de una cosa, de *ob,* pref. y *cupio,* variante de *capio.*

Barcia estudia *caput* en las formas *cap, cab* y *cib;* nosotros la estudiamos en las formas *cip, cib, ceb, cup* y *cub,* llevando nuestras aseveraciones al grado de aclarar con ejemplos incontestables que las formas que acabamos de mencionar pertenecen á la primitiva *cap.*

En sustancia, el ilustre dscritor á que nos referimos afirma, deduce, demuestra que el primitivo *cap*, ha dado origen á la formación de 204 voces en el altisonante idioma español; por el descubrimiento de nuestras nuevas formas hemos comprobado que del mismo *cap* se han creado 121 palabras que damos á la estampa; teniendo en consideración el lector que de *capio* se origina *cipio*, *cipe*, *ceptum*, *cipere* y que de las variantes de este verbo, que son *cep* y *cip*, con el auxilio de los prefijos, mostramos la cuna de muchas voces.

Capital y el arcaismo *cibdad* tienen tanta analogía que rayan en la identidad, como una gota de agua respecto de otra.

La raiz *cib* de *cibdad* se ha convertido en *civ* de *civil*, por la misma razón que la *b* de *cabidad* se ha convertido en *v concavidad*; ¡ mezquinas anomalias ortográficas !

Y si hay razón para afirmar que de *caput* se deriva *capital*, la misma existe para asentar que de *cibdad* vengan las voces *ciudad*, *ciudadano*, *civil*, *civilizar* y *civilización*.

Y al caminar por estos vericuetos tan inaccesibles como difíciles del lenguaje, si no fuese por una furtiva dedicación á este género de estudios, no pudiéramos dudar siquiera de que existe completamente terminada y definida la generación de *caput*; habrá otras razas de una misma especie, como pudieran existir otros individuos, descendientes de esas razas; porque el género de las lenguas reside en el espíritu de la palabra, lo cual equivale á decir que vive en el espíritu de la humanidad.

Quincuagésimo ejercicio.

De *kar*, raiz sánscrita que da la idea de mover, se formó el verbo latino *curro*, *cucurri*, *cursum*, *currere*, que significa correr.

Correr.	Corretaje.
Corrida.	Corriente.
Corredor.	Corrientemente.
Correduria.	Corretear.
Correo.	Descorrer.
Correria.	Descorrimiento.

Recorrer,
Socorrer.
Socorro.
Socorredor.
Concurrir.
Concurrencia.
Concurso.
Concurrente.
Discurrir.
Discurso.
Discursivo, va.
Escurrir.
Escurrimiento.
Incurrir.
Incursión.
Ocurrir.
Ocurrencia.
Ocurso.
Ocurrente.
Precursor.
Recurrir.
Recurso.
Trascurrir.
Trascurso.
Cursar.
Curso.
Cursivo, va.
Concursar.
Excursión.
Excurso:
Excursionista.
Sucursal.
Curva.
Corva.
Encorvar.
Encorvadura.

Encorvado, da.
Carro.
Carrocero.
Carrocería.
Carroza.
Carruaje.
Carril.
Carrillo.
Carreta.
Carretón.
Carretera.
Carretilla.
Carrete.
Carrera.
Acarrear.
Acarreo.
Descarrear.
Descarrío.
Descarrilar.
Descarrilamiento.
Encarrilar.
Encarrilamiento.
Cargar.
Carga.
Cargamento.
Cargador.
Cargo.
Descargar.
Descarga.
Descargo,
Encargar.
Encargo.
Recargar.
Recargo.
Recargable.

Kar expresó la idea de moverse, marchar, ir.

Los carros, como las carretas y los carruajes, sirven para este objeto.

El verbo latino *curro, cucurri, cursum, currere,* correr, es el que sirve de norma para formar las voces que anotamos con prefijos.

Curso es la marcha del tiempo, la sucesión de las cosas, de la misma manera que *carrera* ó *curso* de las profesiones, que *carrera* ó *curso* de los mundos.

Discurrir es *correr* por las regiones de la inteligencia; el *dircurso* es el *curso* de las ideas.

Se observó que para *correr* ó mover con más aceleración los cuerpos, era necesario ponerles pies redondos, ruedas contruidas por *curvas,* é inventaron esta palabra, lo mismo que *corva* y *encorvar.*

Los *carros* necesitan *carriles.*

Concurrir es *correr* con...

Incurrir es *correr* hacia una falta.

Escurrir es *correr* el líquido por fuertes presiones.

Socorrer es *correr* á fin de ayudar al peregrino de la miseria.

Suponemos que el lector no encontrará dificultades para comprender la significación que los prefijos dan á la raíz que frecuentemente toma con ellos acepciones metáforicas.

Quincuagésimo primero ejercicio.

Del latín *terra,* tierra, planeta que habitamos, hemos obtenido la derivación que sigue:

Tierra.	Terrado.
Terral.	Terrón.
Terreno.	Terruño.
Térreo, ea.	Terraplenar.
Territorio.	Terraplén.
Territorial.	Terraplenación.
Terrestre.	Terráqueo, ea.
Terreno, na.	Terremoto.
Terrenal.	Aterrar.
Terrear.	Aterramiento.
Terraza.	Aterronar.

Coterráneo.
Desterrar.
Destierro.
Desterrado, da.
Desterramiento.
Enterrar.
Entierro.
Enterramiento.
Desenterrar.
Desentierro.

Desenterramiento.
Terrible.
Terriblemente.
Terribilidad.
Terrorífico, ca.
Terrorismo.
Terrorista.
Aterrorizar.
Aterrorizamiento.
Aterrorizador.

La tierra es el globo que habitamos, la substancia fósil é inorgánica deleznable que forma cordilleras y continentes, el lugar donde se ve la luz primera, una extensión indeterminada, *territorio*, terreno.

Desterrar es departir á alguno de su tierra natal.

Enterrar es arrojar los cadáveres debajo de la tierra.

Coterráneo es un compatriota, un conciudadano. Cuando alguien se halla poseído de alguna pasión, como el pánico, el dolor, la consternación, etc., parece que esta pasión se manifiesta por cierto color ó tinte de la cara, semejante al de la tierra, y decimos que ese alguien está *aterrado, aterrorizado*, ó que tiene mucho *terror;* de aquí terrible, terrorífico, etc. La tierra fructifica; pero ¿quién iba á pensar que la *tierra*, de sus frutos, ofreciera su contingente de ideas, su contingente de primicias al idioma que nos jactamos de conocer?

Quincuagésimo segundo ejercicio.

Acumular, amontonar, construir edificios se dice en latín *struere, structus* (part), que da la idea de trabajar, fabricar. Examine el lector esta raiz que entra en la construcción de las palabras abajo anotadas cuya significación primitiva persiste en ellos.

Construir.
Construcción.
Constructor, ra.
Constructible.

Construído, da.
Destruír.
Destrucción.
Destructor, ra.

Destructible.
Destructivo, va.
Estructura.
Indestructible.
Indestructibilidad.
Instruir.
Instrucción.
Instructor.
Instructivo, va.
Instructivamente.
Instruídamente.
Instrumento.
Instrumentar.
Instrumentación.
Instrumental.
Instrumentalista.
Obstruir.
Obstrucción.
Obstructor.
Obstructivo, va.
Reconstruir.

Reconstrucción.
Reconstructor.
Reconstruíble.
Intrusar.
Intrusión.
Intruso, sa.
Industria.
Industrial.
Industrioso, sa.
Industriosamente.
Trozar.
Trozo.
Trozable.
Trazar.
Traza.
Trazo.
Trazador.
Destrozar.
Destrozo.
Estrujar.
Estrujón.

Struere, cuyo participio es *structus*, da la idea de ordenar las partes materiales que forman ó construyen un todo ; arreglar, disponer ; *struct* significó también el material de *construcción*, el block ó la piedra que debería ajustarse con otros, para efectuar la *construcción* de un edificio. La palabra *estructura* significa la distribución de las partes que forman el todo.

Construir, es fabricar un edificio, formar los severos, aunque no regios, alcázares de la idea.

Destruir es lo contrario.

Instruir es poner ordenadamente en el espíritu del niño el conjunto de materiales que son los conocimientos de la ciencia y del arte, que vengan á formar en el educando la grandiosa *construcción* del saber ; la *instrucción*.

Instrumento es toda obra, herramienta, aparato que sirve al *constructor* de obras mecánicas, científicas ó artísticas.

Intruso es un adjetivo que denota que se perjudica el orden, la construcción de algo.

Obstruir expresa la idea de no *construcción*, de no arreglo, de impedimento en el orden de la marcha de las construcciones, ó multitud ó aglomeración de *strux* ó *block*, para impedir la entrada ó salida de algo.

Trazar es delinear la obra de construcción: el *trazo*, la *traza*.

Atrazar es disponer de trazos.

Trozo es una parte del *trazo* ó del todo.

Trozar es separar las palabras del todo.

Destrozar es *destruir.*

Estrujar es oprimir con fuerza un objeto, casi como si se quisiera destruírlo.

En las inocentes barbaries de la historia 'se *construían*. chozas, *instrumentos* de labranza, de defensa y ataque: en las sapientísimas postrimerías de este siglo se *construyen* capitolios colosales, cables, submarinos, no sin *construir* tramas diabólicos para la destrucción del' edificio social á la sombra de las más elevadas ideas de la libertad.

Quincuagésimo tercero ejercicio.

De la raíz sánscrita *sta* que connota la idea de inmovilidad se formó el verbo latino *sto, stas, are*, estar, y tenemos los siguientes derivados :

Estar.

Estación.

Estado.

Estancia.

Establo.

Estable.

Estabilidad.

Este, Esta, Esto.

Estos, Estas.

Establecer.

Establecimiento.

Estableciente.

Establecido, da.

Estadio.

Estadista. ·

Estadista.

Estadístico, ca.

Estación.

Estacionar-se,

Estacional.

Estacionaaio, ia.

Estática.

Estadísticamente.

Estatura.

Estatuario.

Estatuaria.

Estatua.

Estacar.

Estaca.

Estampar.

Estampa.

Estampado, da.

Estampilla.

Estalactita.

Estalagmita.

Estancar.

Estanque.

Estancamiento.

Estanquillo.

Estante.

Estantería,

Estandarte.

Éxtasis.

Extasiar-se.

Estático, ca.

Estilo.

Estilar-se.

Estilista.

Estilismo.

Estipular.

Estipulación.

Estela.

Estrella.

Estrellar.

Estrellado, da.

Estrada.

Estrado.

Estregar.

Estregón.

Estupor.

Estupidez.

Estúpido, da.

Estupefacción.

Estupefacto, ta.

Tabique.

Tabla.

Tablado.

Tablero.

Tablaje.

Taburete.

Entablar.

Entablado, da.

Tapar.

Tapa.

Tápalo.

Tapadera.

Tapete.

Tapizar.

Tapiz.

Tapicero.

Tapón.

Tapiar.

Tapia.

Tasar.

Tasa.

Destapar.

Destapado, da.

Destacar.

Destacamiento.

Constar.

Constancia.

Constante.

Constantemente.

Constelación.

Constituír.

Constitución.

Constitucional.

Constitucionalmente.

Constitucionalidad.

Constitucionalismo.

Constitutivo, va.
Constituyente.
Destellar.
Destello.
Destilar.
Destilación.
Destiladera.
Destajar.
Destituir.
Destitución.
Destinar.
Destino.
Destinado, da.
Destinación.
Destinable.
Distar.
Distancia.
Distante.
Equidistar.
Equidistante.
Instar.
Instancia.
Instante.
Instantáneo, ea,
Instantáneamente.
Instalar.
Instalación.
Instabilidad.
Inestable, instable.
Instituir.
Institución.
Instituto.
Institutor.
Instituyente.

Institutas.
Inconstancia.
Inconstante.
Obstar.
Obstante.
Obstáculo.
Prestar.
Préstamo.
Prestamista.
Presto.
Presteza.
Predestinar.
Predestinación.
Prostituir.
Prostitución.
Restar.
Resto.
Resta.
Restante.
Restablecer.
Restablecimiento.
Restituir.
Restitución.
Restituible.
Restaurar.
Restauración.
Restaurante.
Sustituir.
Sustitución.
Sustituto.
Asustar.
Susto.
Postrar.
Postración.

La raíz *st* expresa en todas las palabras que transcribimos la idea de quietud ó inmovilidad, como *estar, estación, estable, establecer, establecimiento, estancia, estante, es-*

laca, estatura, estática, estancar, estanque, estanquillo (pequeño establecimieto de morcancías), *estampa, éxtasis, extático, estela, estrella,* son palabras que encierran, aunque muchas veces en sentido metafórico, la idea exacta de quietud, fijeza, inmovilidad; la palabra *estéril* nos expresa la suspensión de la ley de la procreación.

Estipular es *establecer* ciertas obligaciones y ciertos privilegios para que se cumplan. Una *estipulación* es un contrato que se fija: que se tasa, del griego (tasis), colocación, variante de *esteimé,* estar que estudiamos.

Apocopada la raíz *sta,* nos da *tap* ó *tab,* de donde *tapar, tapón, tapete, tabla, tablado, en-tabl-ar,* que equivale á *establecer,* colocar ardidosamente algo.

Las formas *star* y *stituir,* que es homogénea de la primera, forman, con prefijos, los verbos *constar, instar, instalar, destacar, distar, equidistar, obstar, prestar, restar, restablecer, destinar, construir, destituir, instituir, prostituir, sustituir, restituir,* verbos que originan muchos sustantivos, adjetivos y adverbios, con una acepción casi distinta de la primitiva *star,* por las múltiples ideas traslaticias que ésta, al crecer de forma, ha tomado en el curso de la evolnción natural de las las lenguas.

Al presentar en este ejercicio los principales derivados de la raíz *sta,* hemos abandonado, para que el lector lo medite detenidamente, muchos espacios, muchas *estaciones* en donde podríamos dilucidar una variedad de capas filológicas, análogas á las capas del geólogo, una multitud de transformaciones idelógicas, no sin efectuarse igualmente transformaciones en la forma, que mejor pudieran llamarse *variedades* de la misma, puesto que aquello que se modifica es la idea accesoria del incremento inicial ó final, tanto de la raíz como la de la palabra, siendo la primera el germen vitalicio, el protoplasma vivo, el alma, el espíritu de *sta* que palpita en todas las voces expuestas.

Quincuagésimo cuarto ejercicio.

Si anteriormente hemos dado las principales palabras formadas de la raíz *sta,* ahora vamos á estudiar las que directamente se originen de la raíz del verbo latino *sist-o, sist-is, sist-ere,* detener, verbo que es una variante del latino *sto*, *stas*, *stare*: estar, existir, no mover-se. Por los métodos que hemos practicado para el desarrollo del español, métodos de derivación, tenemos las voces:

Sitio.
Sitiar.
Sitiable.
Sitiador, ra.
Situar.
Situación.
Situable.
Situador.
Situado, da.
Sito, ta.
Asistir.
Asistencia.
Asistente, ta.
Asistidor, ra.
Consistir.
Consistencia.
Consistente.
Consistorio.
Conistorial.
Desistir.
Desistencia.
Desistente.
Desistidor, ra.
Desistimiento.

Existir..
Existencia.
Existente.
Preexistencia.
Preexistente.
Insistencia.
Insistente.
Inconsistencia.
Inconsistente.
Persistir.
Persistencia.
Persistidor, ra.
Persistente.
Resistir.
Resistencia.
Resistente.
Resistidor, ra.
Resistible.
Resistidero.
Irresistible.
Irresistiblemente.
Subsistir.
Subsistencia.
Subsistente.

El verbo *sistere*, cuyo supino es *statum*, como ha sido formado del ya estudiado *stare*, encierra ideas análogas á éste; así es que expresa por antonomasia la idea de colocar, fijar, poseer, detener, consolidar, retener ó reprimir.

Estas acepciones se manifiestan indistintamente en las palabras formadas por alguna de las variantes del verbo mencionado, según sea la partícula que las prefije; así *asistir* es estar presente.

Consistir, estribarse, estar fundada una cosa en otra.

Desistir, detenerse de algún propósito.

Existir, ser, estar, todo lo que vive, todo lo que la naturaleza encierra y todo lo que la inteligencia crea y abarca.

Insistir es *instar* porfiadamente algo.

Persistir es conservar, fijar una determinación.

Resistir es sufrir, soportar con firmeza las calamidades, contrarrestar las fuerzas.

Subsistir, detenerse, conservarse en la estación de la existencia.

La variedad y excelencia de las lenguas sabias, *consiste* en que, dada una idea, dado un solo elemento ideológico y morfológico, se llegan á establecer, por medio de prefijos y sufijos, una serie no interrumpida de ecuaciones lógicas en la extensión sin límites de la idea, extensión que puede comprender hasta un número indeterminado de entes lógicos afines.

Quincuagésimo quinto ejercicio.

Del sánscrito *man*, pensar, reflexionar, se formó la palabra latina *mens*, *ment-is*, la mente, la inteligencia, el alma, la voluntad, cuya palabra entra como sufijo en la mayor parte de los adverbios de modo en español y en muchos sustantivos mentales.

Mente.	Mención.
Mental.	Mencionable.
Mentalmente.	Mencionablemente.
Mentor.	Inmencionable.
Mentar.	Comentar.
Mentado, da.	Comento.
Mentir.	Comentador.
Mentira.	Comentario.
Mentirón.	Dementar.
Mentido, da.	Demencia.
Mentiroso, sa.	Demente.
Mentirosamente.	Desmentir.
Mentís.	Desmentida.
Mentecato, ta.	Desmentidor.
Mientes (las).	Meningitis.
Mencionar.	Meninges.

Memoria.
Memorial.
Momoriar-se.
Memorable.
Memorablemente.
Memorativo, va.
Memento.
Memorandum.
Membranza.

Menmotecnia.
Conmemorar.
Conmemoración.
Conmemorativo, va.
Conmemorado, da.
Desmemoriar-se.
Desmemoriado, da.
Monumento.
Monumental.

Alguien ha dicho que si coleccionamos todas las palabras que actualmente expresan hechos *mentales*, no hallamos una que, en su origen, haya representado el mismo hecho ó idea *mental*, sino que, todas, en su infancia, significaron hechos, objetos materiales. Nosotros admitimos que esto se observa con mucha frecuencia, pero no en lo absoluto, desde el momento en que la palabra *mente*, que se refiere al espíritu, al alma, á la inteligencia, viene de la raíz *man*, que en inglés significa hombre, que es un espíritu, que es un ser racional.

Esta palabra *man* es más grandiosa á los ojos de la filosofía, y á los ojos de la humanidad, que nuestra cristiana *hombre*, que la artística y positivista *anthropos* de la ciencia de Atenas.

Mente es el pensamiento, la idea, la voluntad.

Mencionar es hacer *mención*, hacer memoria.

Mentir es decir lo contrario de lo que se piensa.

Comentar es hablar, discutir de lo que se recuerda.

Demente es falto de juicio, de *mente*.

Mentecato es un adj. despectivo de *mente*, bruto, que tiene, digámoslo asi, la *mente* obtusa.

Memoria es recuerdo.

Conmemorar es celebrar la memoria de algún hecho glorioso.

Por lo que se ve, aducimos que la palabra *mente*, de *man*, desde su más lejano origen, ha expresado un hecho mental, entiéndalo Barcia, quien ha lanzado al mundo filológico la aseveración á que aludimos, viéndose tan conspicuo escritor, en el caso de aceptar en sus propias palabras, la más severa reputación :

HECHOS MENTALES. ¿Qué significó en la antigüedad la palabra mente, señor Barcia?

Quincuagésimo sexto ejercicio.

Del latín *fero, tuli, latum, ferre*, llevar, conducir, anotamos los siguientes derivados :

Feria.
Feriar.
Conferir.
Conferimiento.
Conferido, da.
Conferible.
Conferencia.
Conferenciar.
Deferir.
Deferencia.
Deferente.
Diferir.
Diferencia.
Diferente.
Diferentemente.
Diferenciar.
Diferentismo.
Indiferente.
Indiferentemente.
Indiferencia.
Indiferentismo.
Inferir.
Inferencia.
Inferible.
Inferior.
Inferiormente.
Inferioridad.
Infernal.
Infierno.
Infernar.

Oferta.
Ofrecer.
Ofrenda.
Ofrecimiento.
Ofrecido, da.
Preferir.
Preferencia.
Preferible.
Preferente.
Preferentemente.
Proferir.
Proferible.
Referir
Referencia.
Referente.
Referible.
Sufrir.
Sufrimiento.
Sufrible.
Sufrido, da.
Insufrible.
Transferir.
Transferencia.
Transferible.
Intransferible.
Lato, ta.
Latitud.
Latitudinal.
Lateral.
Lateralmente.

Lado.

Ladiar.

Ladeo.

Ladera.

Colateral.

Colateralmente.

Delatar.

Delator.

Delatable.

Dilatar.

Dilatación.

Dilatable.

Dilatablemente.

Ilación.

Ilativo, va.

Oblación.

Relatar.

Relato.

Relator.

Relativo, va.

Relativamente.

Relación.

Relacionar-se.

Relacionado, da.

Trasladar.

Traslación.

Traslado, da.

Desobligar-se.

Desobligación.

Desobligado, da.

Fiesta.

Festivo, va.

Festín.

Festividad.

Festejar.

Festejo.

Ferre, del griego *feró*, significa en latín yo llevo, yo conduzco.

Feria es fiesta, porque en ellas se llevaban *ofrendas* (de *ob* y *ferre*), regalos, bienes á los dioses de politeísmo antiguo.

Conferir es *ofrecer*, conceder algo, como á los dioses, *conferir* un empleo, llevar las propias ideas, conducirlas á una cuestión determinada: *conferencia*.

Diferir un acto, es trasladarlo, conducirlo á otro tiempo más ó menos idóneo.

Diferente se dice de una cosa que (dis) puede llevarse por igual camino que otra: *diferenciar*, *diferencia*.

Inferir, que se puede llevar lo mismo que deducir de *ducere*, llevar.

Ofrecer, de *of* y *ferre*, llevar algo, que debe ser poseído por aquel á quien se hace la *oferta*.

Preferir, llevar con anterioridad ó precaución (pre) una cosa antes que otra por justificado mérito.

Proferir llevar la voz, *ofrecer* ó prometer.

Referir, llevar la idea enunciada al caso necesario.

Referencia y relación son iguales, pues la primera viene

del pref. *re* y *ferre*, y la segunda del mismo *re* y *latum*, supino del mismo verbo: relator, relación, etc. De esta forma *latum* vienen muchas palabras; de ahí *lado, ladear, ladera,* que es un camino por donde se conduce.

Sufrir del pref. *suf.* y *ferre.* llevar algo que conduce á la muerte.

La derivación de *ferre* para el lector inteligente, no le parecerá menos extraña y sorprendente que otras muchas que ante sus ojos le hemos puesto; pero las etimologías de los vocablos que anteceden son tan exactas, tan concluyentes, que basta tener en cuenta la acepción primitiva de *ferre*, relacionarla con estas, para quedar no sólo convencido, sino persuadido de las analogías tanto ideológicas como de forma que poseen entre sí estas mismas palabras.

Quincuagésimo séptimo ejercicio.

Del latín *pon-o, pon-is, pos-itum, pon-ere,* poner, colocar, se han formado las siguientes palabras:

Poner.	Aponer.
Posición.	Apostura.
Puesto.	Apuesto, ta.
Poniente.	Apostar.
Postura.	Aposento.
Puesto, ta.	Componer.
Puente.	Composición.
Poste.	Compostura.
Posta.	Compositor.
Postal.	Compuesto, ta.
Pontífice.	Componedor.
Pontifical.	Componible.
Pontificalmente.	Deponer.
Posterior.	Deposición.
Posterioridad.	Depuesto, ta.
Posteriormente.	Depositar.
Postrar.	Depósito.
Postración.	Depositario.
Postrero, ra.	Depositante.

Disponer.

Disposición.

Disponible.

Dispuesto, ta.

Descomponer.

Descomposición.

Descompuesto, ta.

Exponer.

Exposición.

Expuesto, ta.

Exponente.

Expositivo, va.

Expósito, ta.

Expósitas (casa de)

Expositor, ra.

Imponer.

Imposición.

Impostor.

Impostura.

Impuesto, ta.

Indisponer.

Indisposición.

Indispuesto, ta.

Interponer.

Interposición.

Interpuesto, ta.

Inexpuesto, ta.

Oponer.

Oposición.

Opuesto, ta.

Oposicionista.

Preponer.

Preposición.

Prepuesto, ta.

Prepositivo, va.

Predisponer.

Predisposición.

Predispuesto, ta.

Proponer.

Proposición.

Propósito.

Propuesta.

Proponedor.

Propuesto, ta.

Reponer.

Reposición.

Repuesto, ta.

Repositorio.

Reposte.

Posponer.

Pospuesto, ta.

Postigo.

Postizo, za.

Suponer.

Suposición.

Suponible.

Supuesto, ta.

Trasponer.

Trasposición.

Anteponer.

Antepuesto, ta.

Contraponer.

Contraposición.

Contrapuesto, ta.

Presuponer.

Presuposición.

Presupuesto.

Recomponer.

Recomposición.

Recompostura.

Apostillar.

Apostilla.

Apostillador, ra.

Apostillamiento.

Importa tener presente que para la formación del verbo
latino *pon-o*, *pon-is*, *pos-itum*, *pon-ere*, han entrado elementos legendarios, los que aglutinándose y sufriendo los
procesos siempre frecuentes de los metaplasmos, han mo-
dificado de tal manera la estructura íntima de los vocablos, que borran, por decirlo así, su genuino y primitivo
aspecto. Estos elementos legendarios, para el esclarecimiento de la verdad etimológica del precedente verbo latino, son: 1.º la raíz sánscrita *as* ó *sa*, idea de abandonar
ó arrojar, que forma en el idioma latino el verbo *sin-o*,
sin-ivi, *sin-itum*, *sin-ere*, con igual significación, 2.º el
prefijo *po*, apócape de *por*. Ahora bien; este *po* y *sin-ere*
nos dan *posinere*, *posnere* ó *pon-ere*, *pos-itum pon-ivi*,
pon-o, cuyas raices respectivamente *pon* y *pos*, sufriendo
el aditamento inicial de los prefijos castellanos á la par que
el incremento eufónico de varias desinencias españolas,
dan origen á un engendro admirable de palabras en las
cuales, como lo puede observar el lector que detenidamente
examine la estructura y significación de las voces de nuestra anterior lista, aparecen de resalto las ideas típicas,
primitivas de abandonar, plantar, así como las inmediatas
afines de colocar y construir con orden; v. g.: *poner*, *po-*
sición, *postura*, *poste*, *postal*, *componer*, *composición*,
compostura, etc.

Quincuagésimo octavo ejercicio.

De *sid-eo*, *sid-is*, *sid-ere* estar quieto, ser, verba latino,
que tiene la misma etimología que el verbo sustantivo
esse ser, existir, tomamos los más importantes derivados
que posee la lengua española.

Ser (verbo)	Sideral.
El ser.	Sillar.
Sereno.	Silla.
Serenidad.	Sillón.
Sereno, na.	Sillería.
Serenar.	Seda.
Serenata.	Sentar.
Serie.	Sedentario.
Sidéreo, ea.	Sedentariamente.

Asentar.
Asiento.
Asentado, da.
Asentaderas.
Asentimiento.
Asediar.
Asedio (sust.)
Sedición.
Sedicioso, sa.
Sedimento.
Sedimentoso, sa.
Semen.
Seminal.
Semilla.
Ese, esa, eso.
Esencia.
Esencial.
Esencialmente.
Esenciar-se.
Esencialidad.
Considerar.
Consideración.
Considerable.
Considerablemente.
Desidia.
Desidioso, sa.
Insidia.
Insidioso, sa.
Inconsiderado, da.
Presentar.
Presentación.
Presentador, ra.
Presencia.
Presenciar.

Presencial.
Presente.
Presentable.
Representar.
Representación.
Representable.
Representable.
Representativo, va.
Presidir.
Presidencia.
Presidente.
Presidencial.
Presidio.
Presidiario.
Subsidio.
Subsidiario, ia.
Residir.
Residencia.
Residente.
Poseer.
Posesión.
Poseedor, ra.
Poseído, da.
Posesional.
Posesivo, va.
Posar.
Posada.
Posaderas.
Reposar.
Reposo.
Reposado, da.
Desposar.
Desposado, da.
Esposo, sa.

Del sánscrito *sad*, idea de sentarse, ó del griego *édra* ó *sedra*, silla, etc., se han formado dos verbos latinos: *sedeo, sedes, sesum, sedere* y *sideo, sedi, sidere*, ambos con la significación de sentarse, descansar, cesar el movimiento, estar en la *silla*, estar en un lugar, existir.

Con las formas *sed* y *sid* de los verbos anteriores, sufijos castellanos y flecciones, tenemos : *sedimento, sede, sedentario, sideral, sidéreo, silla, sillero, de-sidia*.

Con el prefijo *con, considerar, consideración*.

Con el pref. *pos, possedere, poseer, posesión*.

Con el pref. *pre, presedere* ó *presidere, presidir, presidente, presidencia, presidio*.

Con el pref. *re, resedere* ó *residere, residir, residencia, residente*.

Con el pref. *sub. sub-sidio*.

Con la forma *esse* infinitivo latino *ser*, tenemos *esencia, esencial*, etc. Con el verbo *ser*, castellano, obtenemos *serio* y *scriedad*. Igualmente con el verbo *sentar*, castellano, traducción inmediata de *sedere* ó *sidere* y con los prefijos *a, pre, re*, tenemos : *asentar, asiento, presentar, presente,* (lat. *ad-sum*) *representar, presencia*, etc.

Posar es una modificación de *poseer;* con esta palabra y el pref. *des* obtenemos *desposar* (contraer matrimonio) de donde las voces *esposo, a,* en vez de *desposado, a;* porque están establecidos, como si dijéramos, *sentados*.

De manera que el verbo *ser, esse,* en la antigüedad expresó únicamente la idea de sentarse, de permanecer quieto; el *ser* de ahora es aquel que en sí mismo lleva una facultad de vivir y de obrar.

El *ser*, etimológicamente hablando, ha creado á los *desposados* que engendrarán *seres*.

¡Qué portentosa verdad la de la palabra!

El ser etimológico ha venido á dar la idea de poseer, porque los seres, necesitan *poseer*, cuando menos los elementos de vida; ¡qué egoismo tan natural el de los seres!...

Si el ser está *sentado*, es natural que *presida* la corriente del tiempo desde la *sede* ó *silla* que *posee*, aunque no se diga por esto que posee igualmente *desidia*, ese *reposo* continuo de muchas personas, que se asemeja al glacial *reposo* de la muerte.

Quincuagésimo nono ejercicio.

Los romanos expresaban la idea de percibir los objetos por medio de los sentidos con la palabra *sensus*, sentidos después, tal vez muchos siglos después, crearon de la raíz de esta palabra *sens*, el verbo *sent-io*, *sens-i*, *sens-um*, *sent-ire*, sentir, percibir los objetos, pensar, juzgar.

Los derivados principales en el idioma español son los que siguen:

Sentir.
Sentimiento.
Sentimental.
Sentimentalismo.
Sensitivo, va.
Sensibilidad.
Sensible.
Sensiblemente.
Insensibilidad.
Insensible.
Insensiblemente.
Sensación.
Sensacional.
Sensatez.
Sensato, ta.
Insensatez.
Insensato, ta.
Sensual.
Sensualidad.
Sensualismo.
Sensualista.
Sensualmente.
Sentenciar.

Sentencia.
Sentenciable.
Sentenciamiento.
Sentención.
Sentencioso, sa.
Asentir.
Asentimiento.
Contrasentir.
Contrasentido, da.
Consentir.
Consentimiento.
Consentidor.
Consentido, da
Disentir.
Disenso.
Disentimiento.
Presentir.
Presentimiento.
Resentir.
Resentimiento.
Trasentir.
Suprasensible.

Sentir es experimentar una *sensación* física, moral ó intelectual; si la sensación pertenece á estas dos últimas órdenes, más propiamente diríamos que hemos experimentado un *sentimiento*.

La sensación pertenece á los *sentidos;* la sensatez al espíritu, al juicio, y cuando lo tiene completo una persona, decimos que es *sensata*, como afirmamos que es *sensual* cuando, rompiendo los lazos sociales, se entrega desenfrenadamente á los goces de los *sentidos*.

La *sentencia* debe ser moral, justa, severa; porque es un

juicio ó un *sentimiento* notable; el *sentimiento* es la percepción de los *sentidos* ó del alma, acompañada del gusto
ó del deleite, etc.

Insensato es el que carece de juicio.

El verbo *sentir* admite los prefijos *a, con, dis, pre, re*
y *tras*, dándonos sus respectivos derivados verbales, con
expresión de la significación consiguiente de cada una de
las partículas pospositivas.

Sexagésimo ejercicio.

Del griego *jar-is*, gracia, tomaron los latinos la raíz *gra*
de *gra-tia*, que es la misma *jar* griega que por epéntesis
queda *jra* ó *gra*. Con esta raíz se han formado las voces
castellanas cuyo uso es más que frecuente y las que pone-
mos á la vista del lector que ha tenido la bondad de acompañarnos en nuestro viaje de exploración de la lengua española.

Gracia.
Graciable.
Graciado, da.
Graciosidad.
Gracioso, sa.
Graciosamente.
Agraciar.
Agraciado, da.
Desgraciar.
Desgracia.
Desgraciado, da.
Desgraciadamente.
Agradar.
Agrado.
Agradable.
Agradablemente.
Agradamiento.
Desagradar.
Desagrado.
Desagradable.
Desagradablemente.
Agradecer.
Agradecimiento.
Agradecido, da.
Desagradecer.
Desagradecimiento.
Desagradecido, da.
Desagradecidamente.
Grato, ta.
Gratis.
Gratitud.
Ingratitud.
Ingrato, ta.
Ingratamente.
Gratular.
Gratulación.
Gratulatorio, ia.
Congratular.
Congratulación.
Congratulador, ra.

Congratulatorio, ia.
Gratificar.
Gratificación.
Gratificador, ra.

Gratuidad.
Gratuito, ta.
Gratuitamente.

La gracia es un atractivo de las personas ó cosas, que las hace *gratas* ó *agradables ;* es. un favor que se concede á pocos, aunque estos pocos cierren su boca sin decir nada, que equivale á no dar las *gracias*, á aumentar el número de los *ingratos*.

La *desgracia* no significa carencia absoluta de favores por parte de la veleidosa fortuna, si no rigor de la misma, furor desencadenado de eso que tal vez ni existe, y que pavorosos llamamos fatalidad.

Basta comprender la aceptación de *gracia* para encaminar al lector por ese viaducto de figuras, mitos, metáforas que toma frecuentemente esta palabra, al manifestarse en composición de muchas partículas, de cuyo conocimiento y uso debe estar poseído el que desde el principio ha sido deferente con nosotros, al acompañarnos en este largo viaje al través de la lengua española.

Sexagésimo primero ejercicio.

Del latín *mos*, costumbre, manera, moral, que tiene la misma etimología que la palabra igualmente latina *modus*, cuya significación es idéntica á la anterior, derivamos las palabras :

Moral (substantivo).
Moral.
Moralmente.
Moralidad.
Moralista.
Moraleja.
Moralista.
Moralización.
Moralizar.
Moralizador, ra.
Desmoralizar.

Desmoralización.
Desmoralizado, da.
Desmoralizadamente.
Desmoralizador, ra.
Moda.
Modal.
Modo.
Moderno, na.
Modista.
Modismo.
Modelar.

Modelación.

Modelaje.

Modelador.

Modelo.

Moderar.

Moderación.

Moderación.

Moderador, ra.

Moderante.

Moderativo, va.

Moderado, da.

Moderadamente.

Módico, ca.

Módicamente.

Modestia.

Modesto, ta.

Modificar.

Modificación.

Modificador.

Modificante.

Modificable.

Modificativo, va.

Morigerar.

Morigerado, da.

Modular.

Modulación.

Modular.

Modulador.

Cómoda.

Comodidad.

Cómodo, da.

Cómodamente.

Acomodar.

Acomodación.

Acomodable.

Acomodado, da.

Acomodadamente.

Acomodadizo, za.

Acomodo.

Descomodar.

Descomodidad.

Descómodo, da.

Descomodado, da.

Incomodar.

Incomodidad.

Incómodo, da.

Incómodamente.

Morar.

Morada.

Morado, da.

Morador, ra.

El *modo* es cada una de las diversas circunstancias que determinan la existencia y el estudio de un ser, el conjunto de todas ellas, formado por abstracción; el medio que se emplea para efectuar una operación; el *modo* es comedimiento, medida de nuestras acciones; el *modo* es moral, pues ésta, ya lo dijo Barcia viene de *modus*.

La *moda* debe sujetarse á la *moral*, y no la *moral* á la *moda*, como muchos lo practican, y hasta lo creen: ¡qué muchas veces practicamos fervorosos aquello que no creemos!

Todas las palabras que transcribimos vienen del latino *modus*, modo; recapacitemos acera del sentido de cada una de ellas, no sin hacer probanza de las partículas iniciales é incrementales.

Sexagésimo segundo ejercicio.

De la raíz griega *seb*, que tal vez se deriva de la sánscrita *sarva*, se formaron las siguientes voces:

Servir.	Observación.
Servicio.	Observador, ra.
Servicia.	Observable.
Servidor, ra.	Observancia.
Servidumbre.	Observadamente.
Serviciar.	Observatorio.
Servicial.	Preservar.
Sirviente.	Preservación.
Servible.	Preservativo.
Servilismo.	Preservativo, va.
Servil.	Preservativamente.
Servilmente.	Reservar.
Serval.	Reserva.
Siervo, va.	Reservado, da.
Servilleta.	Reservadamente.
Conservar.	Reservativo, va.
Conservación.	Severo, ra.
Conserva.	Severamente.
Conservador, ra.	Severidad.
Conservable.	Aseverar.
Conservatorio.	Aseveración.
Conservativo, va.	Aseverado, da.
Inservible.	Perseverar.
Inserviblemente.	Perseveración.
Observar.	Perseverante.

El verbo latino *servare*, guardar, *conservar*, y el igualmente romano *servire*, respetar, han sido formados por una misma raíz, *sarva*.

Dos son las acepciones que da la raíz *sarv*, que entra en composición de las palabras de la presente lista: la idea de guardar ó cuidar en *conservar*, y *observar* (de *ops*, vista, y *servare*, cuidar), *perseverar*, *reservar*, la idea de *servir*, *servitud ó seriedad*, condición del esclavo, en las palabras: *servir*, *siervo*, *servidumbre*, *servicio*, *severo*, *severidad*, *perseverar*, etc.

Hacemos estas brevísimas explicaciones tan de prisa como si caminásemos por entre ascuas, á fin de poner al lector en comunicación con los elementos más simples de las pabras, al presentarle la acépción primitiva y aun metafórica que posee la raíz, protoplama vivo de esa multitud de seres que gravitan diseminados en el inmenso *folium* de los Diccionarios ; debiendo de estar estereotipados en el colodión de toda inteligencia que se precia de conocer la lengua de los que fueron.

Sexagésimo tercero ejercicio.

Del griego *dik*, de donde los latinos formaron el verbo *dico, dicis, dictum, dicere*, hablar, decir, se derivan las palabras :

Decir.
Dicción.
Dicho.
Diccionario.
Bendecir.
Bendición.
Bendito, ta.
Bendecido, da.
Maldecir.
Maldición.
Maldito, ta.
Maldecido, da.
Contradecir.
Contradidción.
Contradictor.
Contradicho, a.
Susodicho, a.
Predecir.
Predicción.

Predicho, a.
Dictar.
Dictador.
Dictadura.
Dictatorial.
Dictamen.
Abdicar.
Abdicación.
Abdicador, ra.
Edicto.
Interdicto.
Veredicto.
Indicar.
Indicación.
Indicador.
Indicativo, va.
Indice.
Indicio.
Indiciar.

Indiciado, da.
Predicar.
Predicador.
Predicación.
Predicamento.
Predicable.
Dicha.
Dichoso, sa.
Dichosamente.
Desdicha.
Desdichado, da.
Dignidad.
Digno.
Dignamente.
Dignar-se.
Indignar-se.

Indignación.
Indigno, na.
Prodigar.
Prodigalidad.
Prodigador, ra.
Prodigio.
Prodigioso, sa.
Prodigiosamente.
Pródigo, ga.
Dicterio.
Didáctica.
Didascalia.
Dígito.
Dedo.
Dedal.

Decir es enunciar, mostrar las ideas con palabras, afirmar, asegurar, donar, prodigar.

Dictar es decir á otro lo que se ha de escribir.

La *dicha* es fortuna, felicidad que nos dice, que nos habla, que nos *prodiga* bienes.

Prodigar es derramar bienes, halagos, dinero, alabanzas, algo favorable.

Predicción y *prodigio* tienen una misma etimología.

Predecir es decir antes, casi como adivinar.

Dictamen es la opinión de una junta, de una asamblea.

Edicto es un mandato de la ley.

Predicar es decir, promulgar opiniones, principalmente en el orden religioso.

Indicar es decir, mostrar las ideas ó los objetos.

Con estas explicaciones quedarán allanadas las dificultades que el lector tuviere respecto de alguna de las voces expuestas, que guardan entre sí una afinidad tan estrecha como los miembros de una misma familia.

Sexagésimo cuarto ejercicio.

La idea de equidad, justicia, derecho, poder, se expresa en latin con la grandiosa palabra *jus, juris*, substantivo del que, tanto la raiz nominativa como genitiva, se toman para procreación de la siguiente familia etimológica, teniendo muchas palabras cualquiera de las acepciones del precedente *jus, juris.*'

Justicia.
Justeza.
Justo, ta.
Justamente.
Justiciero, ra.
Juzgar.
Juez.
Juzgado.
Juzgador.
Juicio.
Juicioso, sa.
Juiciosamente.
Judicial.
Judicialmente.
Judicatura.
Jurisdicción.
Jurista.
Jurídico, ca.
Jurídicamente.
Jurisprudencia.
Jurisconsulto.
Justificar.
Justificación.
Justificador, ra.
Justificante.
Justificable.
Justificadamente.
Jurar.
Jurador, ra.
Juramento.
Jurado.
Jurable.
Jurablemente.

Ajustar.
Ajuste.
Ajustable.
Ajustador.
Ajustadamente.
Desajustar.
Desajuste.
Abjurar.
Abjuración.
Abjurador, ra.
Abjurante.
Adjudicar.
Adjudicación.
Adjudicador.
Adjudicable.
Adjudicatorio.
Adjudicativo, va.
Adjurar.
Adjurador.
Ajusticiar.
Ajusticiamiento.
Ajusticiable.
Conjurar.
Conjuración.
Conjurador.
Conjuro, ra.
Conjurable.
Injuriar.
Injuria.
Injuriador.
Injurioso, sa.
Injuriosamente.
Injuriable.

Injusticia.

Injusto, ta.

Injustamente.

Injustificado, da.

Injustificación.

Injustificable.

Perjudicar.

Perjuicio.

Perjudicial.

Perjudicialmente.

Perjudicador.

Perjudicable.

Perjurio.

Perjuro, ra.

Prejuzgar.

Prejuicio.

Prejudicial.

Sojuzgar.

Sojuzgamiento.

Sojuzgable.

La palabra más augusta en la vida de los pueblos, que viene á ser el triunfo más glorioso de la civilización de los mismos, es el *jus*, *juris*, derecho, reconocido en todas las legislaciones del universo.

Jus es *justicia*, equidad, derecho, poder basado en el mismo.

El *juez*, quien debe ser la personificación de la *justicia*, *juzga*, afirma; *juzgar* es *sentenciar* al reo, y la sentencia ó *juicio* es lo afirmativo.

Jurar es afirmar ó negar alguna cosa, poniendo de testigo á un ente, que aunque honorable ó divino no presencia el *juramento*.

Ajusticiar es aplicar la *justicia;* porque la *justicia* mata, según el conocimiento que de ella tienen muchos pueblos que se precian de sabios en la ciencia del *jus*, del derecho; así es que *ajusticiar* es matar en nombre de la *justicia*.

Jurisdicción es el poder ó autoridad que tiene algún sujeto en una región, en una provincia.

Abjurar es hacer un *juramento* contrario al que anteriormente se había efectuado.

Injuriar es insultar á alguno, aunque no se *jure* venganza.

Perjurio es faltar al *juramento*.

Lo *justo* es lo equitativo; *ajustar* es reducir á lo igual, á lo *justo* alguna cosa.

Las ideas de equidad, poder, derecho, permanecen vivas en la raíz *jus* ó *jud*, que dan forma natural é ideológica á todas las palabras de la presente lista.

Sexagésimo quinto ejercicio.

El latín *humus* ú *homo* (lat.) obtenemos los siguientes derivados:

Humano, na.
Humanidad.
Humanista.
Humear.
Humanizador, ra.
Humanitario, ia.
Húmero.
Inhumanidad.
Inhumano, na.
Inhumanamente.
Inhumanizable.
Hombre.
Hombracho.
Hombría.
Homicidio.
Homicida.
Humildad.
Humilde.
Humildemente.
Humillar.
Humillación.
Humillante.
Humillado, da.
Humedad.
Húmedo, da.
Humedecer.
Humedecido, da.
Humo.
Humoso, sa.
Humear.

Humedal.
Humeante.
Húmero.
Humor.
Humorada.
Ahumada.
Ahumar.
Ahumado, da.
Ahumadamente.
Inhumar.
Inhumación.
Exhumación.
Exhumar.
Fumar.
Fumador, ra.
Fumante.
Fumada.
Fumadero.
Fumífugo, ga.
Fumigar.
Fumigación.
Fumigador, ra.
Fumigatorio.
Perfumar.
Perfume.
Perfumador.
Perfumería.
Perfumista.
Perfumado, da.

Los latinos crearon la palabra *humus*, que significa la tierra, y como la historia del pueblo hebreo se halla des-

crita en la Biblia, libro monumental, que afirma que el
hombre fué forjado por Dios del limo ó barro de la tierra,
al hombre lo llamó *humus* ú *homo* (lat.), hombre.

Observó el hombre que de la tierra, de *humus*, se des-
prendían vapores y los llamó *humos*, vapores, semejantes
en apariencia á los que se desprenden de los cuerpos en
combustión.

Ahora bien, conmutando la *h* en *f*, se tiene el verbo fumar con todos sus derivados por composición, que hemos
anotado.

Pero observó también el hombre allá en torno de la ne-
bulosa de los siglos que han pasado, que el *humus* ó *humo*
emitido de la tierra estaba condensado de vapor de agua,
y lo llamó *humedad*, y de aquí las palabras *humedecer,*
humedecido, húmedo, etc.

Vió igualmente que el hombre en sus ruines abyecciones
se postraba en la tierra, en el *humus*, siempre que se en-
contraba culpable delante de su señor, de su dueño, que
era un déspota sobre todas las tiranías, y éste lo llamó humilde y de aquí la palabra *humildad*, espiritualizada por
la civilización, acto anatematizado por esa misma civilización, cuya elevación admiramos en el presente siglo.

Hechas estas rápidas y sencillas explicaciones, fíjese el
lector en el génesis de la palabra *humus* que es el génesis
de la palabra *hombre, humanidad*, tierra, lo mismo que el
origen de las palabras *inhumar* y *exhumar* (cadáveres),
porque los escondían debajo de *humus* ó tierra, ó bien los
sacaban fuera de ella, es decir, los inhumaban y los ex-
humaban.

Con estas advertencias y con estas aclaraciones fácilmente puede el lector darse plena conciencia del valor de
las palabras anotadas.

Sexagésimo sexto ejercicio.

De la raíz *pla* queda la idea de extensión; tomadas del
griego tenemos las combinaciones *ple, pli;* dando lugar
éstas como aquéllas á la derivación y composición de muchas palabras.

Plan.

Plano.

Plano, na.

Planisferio.

Planta.

Plantar.

Plantación.

Plantable.

Plantio.

Plantel.

Plantear.

Planteación.

Planteable.

Plantificar.

Plantificación.

Planicie.

Planeta.

Planetario.

Planchar.

Plancha.

Planchador, ra.

Placa.

Plata.

Platino.

Platear.

Platería.

Platero.

Plateado, da.

Plaza.

Playa.

Plazo.

Plataforma.

Platea.

Plato.

Platillo.

Platicar.

Plática.

Platicador, ra.

Plagar.

Plaga.

Plagado, da.

Plañir.

Plañidero, ra.

Plañido.

Plasta.

Plásico.

Plástico, ca.

Placer.

El placer.

Pláceme.

Placible.

Placidez.

Plácido, da.

Plácidamente.

Plátano.

Platanal.

Plausible.

Plausiblemente.

Plausibilidad.

Palma.

Palmar.

Palmo.

Palmada.

Palmario, ia.

Palmotear.

Palmoteo.

Pala.

Paleta.

Palenque.

Palpar.

Palpable.

Palpablemente.

Aplanar.

Aplanamiento.

Aplanado, da.

Aplastar.

Aplastamiento.
Aplastado, da.
Aplacar.
Aplacación.
Aplacable.
Aplacado, da.
Aplazar.
Aplazamiento.
Aplaudir.
Aplauso.
Complacer.
Complacencia.
Complaciente.
Desplantar.
Desplantación.
Desplante.
Desplazar.
Desplazamiento.
Explayar-se.
Explayamiento.
Explanar.
Explanación.
Implantar.
Implantación.
Inplacabilidad.
Implacable.
Propalar.
Replantar.
Replantación.
Trasplantar.
Trasplantación.
Plegar.
Pliegue.
Pliego.
Plegado, da.
Plegadamente.
Plegaria.
Pleno, na.

Plenamente.
Plenitud.
Plenario, ia.
Plenipotencia.
Plenipotenciario.
Plexo.
Pleura.
Pleuritis.
Complejo, ja.
Complemento.
Completar.
Completo, ta,
Campletamente.
Complexión.
Complexidad.
Desplegar.
Desplegadura.
Desplegado, da.
Ejemplo.
Ejemplar.
Ejemplarmente.
Ejemplificar.
Ejemplificación.
Emplear.
Empleo.
Empleado, da.
Perplejo, ja.
Perplejidad.
Replegar.
Repleto, ta.
Repletamente.
Simple.
Simplemente.
Simplicidad.
Simplificar.
Simplificación.
Simplificable.
Suplementar.

Suplemento.
Suplemental.
Aplicar.
Aplicación.
Aplicado, da.
Ampliar.
Amplitud.
Amplio, ia.
Amplificar.
Amplificación.
Amplificado, da·
Complicar.
Complicación.
Cómplice.
Complicidad.
Complicado, da.
Cumplir.
Cumplimiento.
Cumplido, da.
Cumplimentar.
Explicar.
Explicación.
Explicado, da.
Explicativo, va.
Explícito, ta.
Explícitamente.

Implicar.
Implicación.
Implicado, da.
Implícito, ta.
Implícitamente.
Replicar.
Réplica.
Suplir.
Suplencia.
Suplente.
Suplido, da.
Suplicar.
Súplica.
Suplicante.
Suplicatorio, ia.
Multiplicar.
Multiplicación.
Múltiplo.
Multiplicador.
Multiplicando.
Submúltiplo.
Doblar.
Doblez.
Doble.
Doblemente.

Pl pasa del latín al español cambiándose en *ll;* así es que tendremos de latín *planus*, llano, y de *plenus*, lleno, derivándose de aquí las siguientes palabras :

Llano.
Llanura,
Llana.
Llaneza.
Llaga.
Llanto.
Llenar.

Lleno, na.
Allanar.
Allanado, da,
Allanamiento.
Rellenar.
Relleno, na.

La *pl* se trueca también en *ch* y tenemos las palabras:

Chatedad.	Chantado, da.
Chato, ta.	Chapa.
Chancear-se.	Chaparro.
Chanza.	Achatar.
Chantar.	

Aunque el sentir de notables filólogos no explique cómo en los antiguos tiempos las raíces llegaron á constituirse en signos de significación, en este ejercicio como en los anteriores, demostramos que, no obstante la incertidumbre que tenemos respecto de las lenguas primitivas, no obstante lo poco conocido acerca de dónde y cómo las raíces de esas lenguas se fundieron, la estructura de las raíces indo-europeas nos muestra las huellas de una multitud de ideas remotas que, atravesando anchurosos horizontes en la inmensidad del tiempo, han llegado hasta nosotros con un carácter ideológico, dócil á la agregación de otros elementos de relación, como flexiones, prefijos, desinencias.

Así es que la raíz *pl*, una de las simples que existen en las lenguas neolatinas, encierra la idea de extensión, la idea de cosa plana que, siendo flexible como las mantas, son susceptibles de *doblarse* ó *plegarse*, de donde *doblez* y *pliegue*; el primero, etimológicamente, significa dos *pliegues*. La palabra *simple* significa sin *pliegue*; aplicar es el acto de formar *pliegues* en algún asunto; *implicar*, *plegar* interiormente; *placer*, como verbo, expresa la acción de experimentar un *amplio* gusto, como sustantivo, el mismo deleite en toda su extensión.

Explicar es quitar los *pliegues* ó lo complicado á un asunto para que se manifieste *llano, amplio, claro*.

Cumplir es llenar lo que el deber exige.

Podríamos agotar las explicaciones de todos los derivados de *pl* (pla); pero basta tan sólo observar que esta raíz se manifiesta en el lenguaje con las formas *pla, ple, pli*, ó bien *bla, ble, bli*, que encierran la idea de extensión, de plenitud, de cosa plana, la mayor parte de estas ideas llevadas en un sentido metafórico; pues el lector ya sabe que las palabras, en su origen, expresaron únicamente actos materiales; así es que *pl* da la idea de extensión aplicada al ánimo, al espacio, al tiempo, á la cantidad.

Sexagésimo séptimo ejercicio.

Trabajo, obra, se dice en latín *opus, operis,* cuya raíz da la significación que se halla refundida á la vez que se expresa en las voces de este pequeño ejercicio, voces que son inmediatos derivados de esta raíz latina.

Obrar.	Cooperante.
Obra.	Cooperario.
Obrada.	Cooperativo, va.
Obrador, ra.	Inoperable,
Obradura.	Inoperante.
Obraje.	Inoperado, da.
Obrajero.	Opúsculo.
Obrante.	Cobrar.
Opera.	Cobro.
Operación.	Cobranza.
Operador, ra.	Cobrador, ra.
Operante.	Cobrable.
Operario, ia.	Incobrable.
Operable.	Recobrar.
Operativo, va.	Recobro.
Operatorio, ia.	Recuperar.
Opereta.	Recuperación.
Operista.	Recuperable.
Cooperar.	Recuperador, ra.
Cooperación.	Recuperativo, va.
Cooperador, ra.	

Obrar es hacer, producir un efecto, dar un resultado corpóreo ó inmaterial; *obra* es cualquier cosa hecha.

Opera, obra dramática acompañada de la música.

Operar, hacer alguna *operación* quirúrgica.

Cooperar es *obrar* en unión de otras para un fin determinado.

Coobrar ó *cobrar* es la acción de obrar (co) para recibir de alguien alguna cantidad que se nos debe, conseguir, adquirir: « cobrar fuerzas ».

Recuperar es *recobrar* lo que en determinada ocasión creemos perdido, *reponerse.*

Un hecho material, y esto lo tendrá siempre presente el lector, ha sido la significación primitiva de las palabras, notándose que lo corpóreo ó material que han tenido éstas en sus raíces, frecuentemente se evapora con la sucesión del tiempo, desapareciendo por ende las acepciones relativas al acto material; así, *obrar* es un acto material ; *cobrar* dinero lo es también; pero ¿*recuperar* el honor, *recuperar* antiguos y buenos hábitos ?... ciertamente que no lo son.

De lo expuesto inferimos : que el desarrollo de las lenguas, que el progreso de la palabra, se efectúa en razón directa de la desaparición del sentido que la misma palabra tuvo en su origen.

Sexagésimo octavo ejercicio.

Traho, traxi, tractum, trahere en latín significa traer, aproximar, pasar; de la raíz de cada una de estas variantes se han construído muchas palabras, pero las más usadas son las que á continuación expresamos :

Traer.	Contratable.
Traedor, ra.	Distraer.
Traido, da.	Distracción.
Traición.	Distraido, da.
Traidor.	Distraidamente.
Atraer.	Extraer.
Atracción.	Extracción.
Atractivo, va.	Extracto.
Abstraer.	Extracta.
Abstracción.	Extractor.
Abstracto, ta.	Retraer.
Abstractivo, va.	Retraimiento.
Abstractivamente.	Retraido, da.
Contraer.	Sustraer.
Contracción.	Sustracción.
Contrato.	Sustraendo.

Transitar.

Transeúnte.

Transitación.

Transitable.

Tránsito.

Transitivo, va.

Transitorio, ia.

Intransitable.

Intransitivo, va.

Transido, da.

Trance.

Tratar.

Tratamiento.

Tratado.

Trato.

Tratador.

Tratable.

Contratar.

Contratante.

Retratar.

Retrato.

Atrasar.

Atrasado, da.

Atrás.

Transar.

Transacción.

Transable.

Transigir.

Transigencia.

Transigente.

Intransigente.

Traficar.

Tráfico.

Traficante.

Retractar.

Retractar-se.

Retractación.

Retractable.

Retractado, da.

Trecho.

Estrechar.

Estrecho.

Estrechez.

Trayecto.

Trayectoria.

Del prefijo *trans* ó *tras*, que se antepone en multitud de palabras de las lenguas neo-latinas, cuya significación es atravesar *ligeramente* sobre algo, pasar por debajo, etc., se ha formado el verbo latino *tra-here*, de *trans* y *here*, (pseudo sufijo de *herus*, maestro) incremento cuya significación se ha perdido en las palabras que derivamos, persistiendo en ellas únicamente el sentido primitivo de *traer* ó de *trans*, como se ve en la lista anterior, no sin presentarse voces en un sentido metafórico.

Traer es tirar de, mover, llevar, conducir alguna cosa.

Traje, porque se trae, se lleva.

Con los prefijos *a*, *abs*, *contra*, *dis*, *ex*, *re* y *sus* se forman respectivamente las palabras: *atraer*, *atracción*, *abstraer*, *abstracción*, *contraer*, *contracción*, *distraer*, *distracción*, *extraer*, *extracción*, *extracto*, *retraer*, *retracción*, *retraimiento*, *sustraer*, *sustracción*.

Tratar, formado del participio de *trahere* que es *tractum* ó *tratus*, significa traer alguna cosa entre las manos, manejarla mucho, disertar, discurrir sobre ella: « hacer un *tratado* de ciencias; » cuestionar, convenir, hacer un *trato*, « un convenio, » « un pacto ».

Con los prefijos *con* y *re* tenemos : *contratar*, *retratar* y *retractarse*. *Retratar* es *traer* la figura de algo sobre un lienzo ó papel: hacer un *retrato*.

Retractar es tirar ó retirar lo que se ha dicho : « me retracto de mis culpas. »

Del prefijo *trans* se formó el verbo *transar*, del mismo *trans* y *gerere*, tomado como pseudo sufijo, se formaron las palabras *transigir* y *transacción*; *trans* é *ire* latino, ir, dan las voces *transitar*, *transeunte*; *trans* y el pseudo sufijo *ficare* : *traficar* y *tráfico*.

Con el prefijo *ad* hacia y *trans* que tomamos como raíz, se ha formado el adverbio *atrás*, lo mismo que las palabras *atrasar*, *atraso*; con el prefijo *re*, *retrasar* y *retraso*.

De *tractus*, participio de *trahere*, tenemos : *trecho*, de donde: *estrecho*, *estrechar*, *estrechez*.

¡Qué riqueza la del prefijo *trans!* Curiosidad admirable es ver el trabajo portentoso que las lenguas han efectuado en los secretos laboratorios de la inteligencia humana; y decimos secretos, porque la ciencia actual parece que rehusa el presenciar los progresos de la palabra, que son, á su pesar, sus propios progresos, referentes á todo lo que se piensa, á todo lo que se cree, á todo lo que se siente: ¡á todo lo que ha vivido!...

Sexagésimo nono ejercicio.

De la palabra *summa*, suma, substancia, formaron los latinos el verbo *sum-mo*, *sum-mis*, *sum-psi*, *sum-ptum*, *sum-mere* tomar, beber, elegir, escoger, de cuya raíz *sum*, *sump*, *sunt*, *sust*, se crearon las voces españolas que expresamos :

Suma.	Sumamente.
Sumar.	Sumando.
Sumable.	Sumario.
Sumo, ma.	Sumir.

Suntuoso,.sa.
Suntuosidad.
Asumir.
Asunto.
Consumar.
Consumación.
Consumado, da.
Consumadamente.
Consumador.
Consumativo, va.
Consumo.
Consunción.
Consumir.
Consumido, da.
Presumir.
Presunción.
Presumible.
Presunto.
Presuntivo, va.
Presuntuoso, sa.
Presuntuosidad.
Resumir.
Resumidero.
Resunción.
Resumido, da.
Resumidamente.
Resumir.
Reasumido, da.
Transunto.
Sustancia.
Sustanciar.
Sustancioso, sa.
Sustancial.
Sustancialmente.

Sustantivo.
Sustantivar.
Sustantivable.
Insustancial.
Insustancialmente.
Trasustancia.
Trasustanciación.
Trasunto.
Sobre (sust).
Sobre (prep).
Sobrar.
Sobra.
Sobrante.
Sobrado, da.
Soberano, na.
Soberanía.
Soberbia (sust.)
Soberbio, ia (adjetivo).
Soberbiamente.
Ensoberbecer-se.
Sobrio (frugal ó sustan-
cial.)
Sobriedad.
Supremacía.
Supremo, ma.
Supremamente.
Superior.
Superioridad.
Superar.
Supuración.
Superable.
Insuperable.
Superavit (dinero que so-
bra.)

Summa en latin es el punto más alto, el rango más elevado (del sánscrito *upa*, griego *hiper*, latin *super*, castellano *sobre*), el fondo, el asunto, la sustancia, la parte prin-

cipal que se aplica tanto á las personas como á. las cosas·,

Se ebservó que con los cuerpos sólidos y líquidos se alimentaba el hombre, y por lo tanto debería este *tomarlos* para su alimentación, puesto que tenían *suptancia* ó *sustancia* é inventó el verbo *summo, sumpsi* (cambio de *m* en *p*), *summere*, que significa tomar alimentos, apropiarse, escoger, elegir. Así es que teniendo en cuenta la idea principal de *summa*, el punto más alto, la categoría más culminante, la idea de tomar *summere*, castellano *sumar*, comprenderemos fácilmente las palabras formadas por la raiz *sum, sunt,* ó *sust,* las cuales expresan indistintamente, como procedentes de la primitiva *sum*, de *summa*, la idea de principal ó más elevado, ó la de *tomar.*

Sumar es tomar cantidades homogéneas; *sumo* ,lo *supremo*; *sumario* es una *suma*, un resumen, lo *suntuoso*, lo magnífico, lo alto, lo encumbrado; *suntuosidad*, una suprema ostentación.

Con los prefijos *a, con, pre, re* y *summere*, tenemos *asumir*, tomar para sí; *asunto*, tema que se toma para tratarlo; *consumir*, acabarse, destruírse, porque aquello que se toma se consume; *presumir* es *tomar* una cosa por inducción.

La *presunción*, además de expresar una tonta vanidad, significa una conjetura; ¿quién pudiera afirmar que *presunción* y soberbia tienen una misma etimología?

Pues lo va á ver el lector si le agradan nuéstras pesquisas etimológicas. Suma, de donde viene *presunción* ó *presumpción*, ya hemos dicho que se origina de griego *hiper*, latín *super*, castellano *sobre*, de donde tenemos *superbia* *soberbia;* luego tienen un mismo origen.

Resumir es hacer sumas ó resúmenes de cosas.

Sumpstancia ó *sustancia* es algo que nutre á las personas ó los cosas, sin lo cual estas se consumen ó mueren.

Super prefijo (del sánscrito *upa*) significó sobre; de ambos, latino y español, tenemos: *sobrio, sobriedad, soberbio, superior, supremo, superioridad, superar*, etc.

Super ó *sobre* entra como prefijo, anteponiéndose á muchas palabras, como lo habrá observado el lector en las listas de los ejercicios precedentes.

Ahora hemos estudiado á *super* como raíz generatriz de *summa*, cambio de *m* en *p*: *supm-a, sup-er* (supresión de *m*), sobre.

Septuagésimo ejercicio.

Del latin *fides fidei* se formó el verbo *fido, fisus, fidere,* fiar, creer, variantes de cuyas raices nos servimos para construir las siguientes voces españolas:

Fe.
Fiar.
Fianza.
Fidelidad.
Fiador.
Fidedigno, na.
Fiel.
Fielmente.
Infiel.
Infielmente.
Infidelidad.
Afianzar.
Afianzado, da.
Afianzamiento.
Confiar.
Confianza.
Confiador, ra.
Confiable.
Confiadamente.
Confidencia.
Confidente.
Confidentemente.
Confidencial.
Confidencialmente.
Desconfiar.

Desconfianza.
Desconfiado, da,
Desconfiadamente..
Perfidia.
Pérfido, da.
Porfiar.
Porfía.
Porfiado, da.
Confesar.
Confesión.
Confesonario.
Confeso, sa.
Profesar.
Profesión.
Profesor, ra.
Profesionista.
Profesorado.
Profesional.
Profesionalmente.
Profetizar.
Profeta.
Sofista.
Sofístico, ca.
Sofísticamente.

La *fe* es una virtud que consiste en creer la verdad; *fiar* es dar crédito á alguno, asegurar, garantir; *fianza* es la acción de *fiar.*

Fiel es el que guarda *fe; fidelidad* es lealtad, adhesión hacia alguna persona.

Afianzar es garantir, asegurar algo, cimentar.

Confiar es tener fe en algo; *desconfiar*, lo contrario.

Porfiar es obstinarse en algo, insistir en alguna cosa.

Confesar es declarar con fe ó sinceramente la verdad.

Profesar es ejercer algún arte ó empleo, por la fe que se le tiene.

Profeta es el que con anterioridad (*pro*) declara la fe ó la verdad de un suceso: el que predice.

Introduciéndonos todavía más en los estudios etimológicos, podemos asentir que la palabra latina *fides*, *fe* ha sido formada de la raíz griega *fis*, fuerza, vigor, vida, de donde se formó la palabra *fisis*, naturaleza, que es toda realidad; de aquí que *fe* es la creencia de la verdad, de la realidad ó de la naturaleza (*fisis*). ¡Qué sabia es la filosofía de la palabra, augusta madre de todas las filosofías!

Septuagésimo primero ejercicio.

Del griego *or*, raíz, que da la idea de principio, origen, formaron los latinos el verbo *orior*, *oriris*, *ortus*, *orire*, principiar, ordenar, cuyas variantes verbales entran en el idioma español en forma de raíces dando lugar á un gran número de palabras :

Origen.	Desorientadamente.
Original.	Orificio.
Originalidad.	Orto.
Originable.	Orillar.
Originario, ia.	Orilla.
Originariamente.	Desorillar.
Oriundo, da.	Orín.
Oriente.	Orinar.
Oriental.	Orina.
Orientalista.	Orlar.
Orientalismo.	Orla.
Orientar-se.	Ornar.
Orientación.	Ornato.
Orientador, ra.	Ornamento.
Desorientar.	Ornamentar.
Desorientación.	Ornadamente.
Desorientado, da.	Orar.

Oración.	Desordenar-se.
Orador.	Desordenado, da.
Oracional.	Desordenadamente.
Oráculo.	Reordenar.
Oratoria.	Reorden.
Oratorio.	Adornar.
Exordio.	Adorno.
Organo.	Adornado, da.
Organismo.	Adornar-se.
Organizar.	Borde.
Organización.	Bordar.
Organizador.	Bordador, ra.
Organizado, da.	Bordado, da.
Desorganizar.	Bordadillo.
Desorganización.	Bordadura.
Reorganizar.	Bordón.
Reorganización.	Bordo.
Orden.	Borla.
Ordenar.	Abordar.
Ordenable.	Abordaje.
Ordenado, da.	Desbordar.
Ordenadamente.	Desborde.
Desórden.	Desbordamiento.

A lo dicho por el filólogo Barcia en su obra *Formación de la Lengua Española* (ejerc. V, pág. 101), acerca del verbo griego *orô*, dar el primer impulso de vida, excitar, únicamente ampliaremos la materia recogiendo seres lógicos, organismos vivientes, aunque pocos, pero que pertenecen á la familia de orilla, origen, por Barcia descubierta y especificada.

« El hombre (dice el mismo autor) averiguó que del *orô* griego, Roma sacó su verbo *oriri*, equivalente á principiar, nacer, salir de la nada. »

« El *orô* griego buscaba un principio, el *oriri* latino principiaba. »

« Allí tuvieron la simiente.

Aquí la sementera. »

« Allí el gérmen.

Aquí el germinar. »

« Vió nacer un astro, lo vió salir, lo vió principiar, y aquel nacimiento fué llamado *orto*. »

« Vió el punto del cielo en que nacía, y lo llamó *oriente*. Escribió el nacimiento de un libro, y lo llamó *exordio*, de *ex* y *oriri*. »

No es cierto, señor Barcia ; es *ordiri* y no *oriri* la raíz de *exordio*, principiar ú ordenar un libro.

Hemos dilucidado que la palabra *orden*, *orthos* griego, posee la misma raíz que *oriri*, y que este verbo latino tiene el mismo valor etimológico que el igualmente latino *ordiri*, ordenar, que no ha vislumbrado Barcia, de quien tomamos todas las demás voces que no se derivan inmediatamente de este verbo.

En cuanto á nuestra aseveración de que el latino *ordiri*, ordenar, viene del *orò* griego, es concluyente y exacta ; desde el momento en que la raíz *ôr* de *ôrdiri* es la misma griega *or*, de *orò*, y si de ésta formaron los latinos el verbo *oriri*, principiar, nacer, ¿por qué no pudieron haber formado igualmente los mismos el verbo *ordiri*, principiar, ordenar, que tiene con respecto á *oriri* una significación análoga y una misma estructura radical ?

El orden debe reinar en los seres que han nacido, *oriri*, lo cual es decir que el orden debe reinar en todas las organizaciones de los seres, en toda la naturaleza, según el sentir de la etimología filosófica.

. Hasta aquí nuestra colaboración en el estudio de esta raíz ; que el insigne y mencionado autor, quien emprendió primero que nosotros estudiar la raíz en cuestión, nos ahorre el trabajo de explicar aquello que él explica en su magnífica obra, lo que nosotros de ninguna manera intentaríamos.

« Oyó luego hablar (el hombre se entiende) de los habitantes naturales de un país cualquiera ; oyó hablar de sus moradores *originarios*, y los llamó *ab-orígenes*, como aquél que dice : *esos hombres viven en esa tierra desde los principios.* »

« Aquí hallamos un nuevo *orto*, un nuevo *oriente*, un exordio nuevo. »

« Vió luego que el mar principiaba en la playa ó la costa, y la costa ó la playa fué llamada *orilla*.

« ¿Qué es *orilla*? El exordio ó el oriente del mar. »

« Vió que la *orilla* es un principio del abismo, y lo llamó *borde.* ¿Qué es borde? la orilla del abismo, el oriente de un nuevo orto, el exordio de un nuevo discurso: los *aborígenes* de un nuevo país. »

» Vió que, tramando, sale la tela; vió que la trama es el principio de aquella industria, casi el nacimiento de aquel ser, y el verbo tramar muda de nombre; ahora se llama *urdir*, como si dijéramos *orir;* buscar un modo de salir de la nada, un *borde,* una *orilla.*

» Vió que los buques tenían *borde,* y lo llamó *bordo.* Vió que acometían á un buque, que asaltaban su *bordo,* y dijo que se iban al bordaje.

» Vió que al verter aguas, el licor contenido en la vejiga no hace otra cosa que buscar una *orilla,* por donde salir, y de aquí viene el verbo *orinar,* que nos recuerda aquel *oriri,* sinónimo de buscar salida, salir fuera.

» El *orín* viene de donde viene *oriente,* de donde viene *orilla,* de donde viene *borde,* de donde viene *urdir,* como también de donde viene *exordio* y *aborígenes.*

» Vió que el ano es como la salida, la orilla ó el borde del intestino recto, y esto explica perfectamente el vocablo *orificio.*

» ¿Qué es el orificio? La orilla de la cámara. Me parece que no cabe en lo humano expresar una idea con más expresión.

» Vió que se engalanaba una *orilla,* y aquella galanura se llamó *orla.* ¿Qué es una orla? El adorno ó aderezo de una orilla.

» Ve también que por medio de la aguja se trabajan dibujos en el *borde* de algún tejido, formando relieve, y aquel dibujo trazado en el *borde* se llamó *bordar.* ¿Qué es bordar? No habrá ningún niño que haya leído las anteriores líneas y que no conteste con la exactitud más perfecta. Bordar es dibujar por medio de la aguja en el borde de algún tejido. En una palabra, *bordar* es dibujar en el *borde.*

» El hombre aprendió más; ensanchó el mundo de su pensamiento; agrandó la ciencia, agrandó la fe; vió más distintamente á la humanidad, vió más distintamente á Dios, columbra el *borde* de todos los *bordes,* la *orilla* de todas las *orillas,* el *exordio* de todos los *exordios,* el *oriente* de todos los *orientes,* y á ese eterno *Aborígenes,* á ese *orto* eterno, llaman *origen.*

» Resulta, pues, que el *oriri* latino ha entrado en nuestro idioma y ha creado una multitud de voces.

» Pero ahora vemos que hemos olvidado una palabra inmensa como el *origen*, que es de las más grandes que conoce la humanidad.

» El latín llama *os*, *oris*, á la boca. En ese *oris* ¿ quién no ve otro nacimiento, otro principio, un nuevo *borde*, un nuevo oriente, un nuevo origen ?

» En el *oris*, que significa hablar, ¿ quién no ve el *oriri* de los griegos y de los romanos? ¿ Quién no ve el *oriente* de la palabra? »

Septuagésimo segundo ejercicio.

Del latín *prob-us*, bueno de calidad, se han formado las palabras que en este ejercicio comprenderá el lector.

Probar.
Prueba.
Probanza.
Probación.
Probeta.
Probado, da.
Probadamente.
Probo, ba.
Probidad.
Probabilidad.
Probable.
Probablemente.
Improbidad.
Improbo, ba.
Improbabilidad.
Improbable.
Improbablemente.
Aprobar.
Aprobación.

Aprobante.
Aprobado, da.
Aprobadamente.
Desaprobar.
Desaprobación.
Comprobar.
Comprobación.
Comprobador.
Comprobante.
Comprobable.
Comprobativo, va.
Reprobar.
Reprobación.
Reprobable.
Réprobo, ba.
Reprobado, da.
Reprobativo, va.
Reprobadamente.

El *probus* latino significó bueno, excelente, hábil, distinguido.

Probar es examinar la calidad de lo bueno, lo útil.

Prueba es un examen, un ensayo sobre alguna cosa.

Probidad es la honradez, la buena fe, etc.

Probeta es un tubo de vidrio, abierto por un extremo y cerrado por el otro, para ensayar ó probar las calidades químicas de los cuerpos.

Aprobar es afirmar la cualidad de lo bueno.

Desaprobar, lo contrario.

Comprobar es confirmar una cosa, cotejándola con otra, ó induciendo *pruebas* que la acrediten.

Reprobar es negar la calidad de lo bueno, no admitir, *desaprobar*.

Probabilidad es una verosimilitud, apariencia, fundada en la verdad ó afirmación de un hecho.

Las individualidades de lenguaje, ó sean las palabras, han sufrido, como lo notará todo aquel que haya comprendido nuestros anteriores ejercicios, una misma clase de cambios é inducciones filológicas, ora en la parte connotativa, ora en la estructura del signo. Esto constituye la evolución de las lenguas, de las que la etimología marca el itinerario de cada conyugal pareja (raíces), digámoslo así, que se ha desprendido del tronco de las lenguas más antiguas.

Septuagésimo tercero ejercicio

Del griego *tribu*, raza, reunión de personas, plebe, como la romana, sujeta á restricción notable de garantías y derechos públicos, se formaron, digámoslo así, las palabras que van á ocupar toda nuestra atención en el presente ejercicio.

Tribu.	Tributario, ia.
Tribuna.	Tributador.
Tribuno.	Tributación.
Tribunal.	Tributable.
Tribunado.	Atribuir.
Tribúnico, ca.	Atribución.
Tribulación.	Atributo.
Tributar.	Atribuído, da.
Tributo.	Atribular.

Atribulamiento.
Atribulado, da.
Contribuir.
Contribución.
Contribuyente.
Contributario, ia.
Contribuídamente.
Distribuir.

Distribución.
Distribuidor, ra.
Distributivo, va.
Retribuir.
Retribución.
Retribuidor.
Retributivo, va.

La *tribu* fué el populacho romano que había sido divi-dido por las leyes, y sobre quien pesaba la tendencia siem-pre opresiva de los patricios y de los ricos en aquel en-tonces célebre en los anales del mundo.

Ayer, como hoy, la *tribu* es una de las partes en que se divide el pueblo; de aquí la palabra *distribuir*, que signi-fica dividir, repartir algo entre ciertos sujetos, aunque és-tos no constituyan una tribu.

Tributar significa dar obsequios á alguno; porque la *tribu* se veía obligada á desprenderse de una parte de sus míseros haberes, para donarlos á favor de los poderosos, por via de acatamiento ó á guisa de respetuosidad, según el sentir de la ley en aquellos buenos tiempos; hoy como ayer, esos *tributos* pesan sobre la *tribu*, que es el pobre pueblo; con la única diferencia de que ahora esos *tributos* se hallan metamorfoseados democráticamente.

Tribuno fué el magistrado que defendía á la *tribu* de los agravios de los patricios; *tribunal* es el local destinado á los jueces para la administración de la justicia.

Atribuir es dar ó aplicar á uno alguna cosa, implicar.

Atribular es abatir, postrar, rendir, atormentar, puesto que los patricios cometían todas estas infamias con la *tribu*.

Contribuir significó únicamente satisfacer cierta canti-dad de dinero al fisco, que por ley se le imponía á la *tribu*. Hoy, se *contribuye* lo mismo con dinero, que con cual-quier otro género de recursos, para la consecución de un fin determinado.

Retribuir es devolver bien con bien, recompensar; tal vez la tribu romana, como muchos pueblos de ahora, no conozcan este vocablo. ¡Oh, su trabajo rara vez ha sido digno de retribución, por parte de la moderna democra-cia!...

Septuagésimo cuarto ejercicio.

Jac-eo, jec-i, jac-tum, jac-ere, significa en latín lanzar,
disparar, publicar, porque, al lanzar un arma arrojadiza
sobre alguna persona, caía ésta exánime, quedando tendida
en el lugar en que estaba; de allí la significación de *ya-cer*, latín *jacere, jactum*, quedar, permanecer. La *a* del
supino *jactum* se cambia en *e* al prefijarse con partículas
castellanas.

La siguiente derivación procede del verbo latino expuesto, cuya significación primitiva persiste, tomando en
algunas voces un sentido metafórico.

Yacer.	Objetar.
Yacimiento	Objeto.
Yaciente.	Objeción.
Jactar-se.	Objetividad.
Jactancia.	Objetivo, va.
Jactador.	Objetivamente.
Jactancioso, sa.	Proyectar.
Jactanciosamente.	Proyección.
Jaculatoria.	Proyecto.
Abyectar.	Proyectista.
Abyección.	Proyectil.
Abyecto, ta.	Proyectador, ra.
Abyacente.	Proyectable.
Conjeturar.	Sujetar.
Conjetura.	Sujeción.
Conjeturable.	Sujeto.
Conjetural.	Sujetador.
Conjeturalmente.	Sujetable.
Inyectar.	Sujetivo, va.
Inyección.	Subjetivamente.
Inyector.	Trayecto.
Inyectador.	Trayectoria.
Inyectable.	Inobjetado, da.
Interjección.	Inobjetable.
Interjeccional.	Inobjetablemente.

Jac-eo, jec-i, jac-tum, jac-ere, al admitir prefijos latinos se cambian en *jic-io, jec-i, jec-tum, jic-ere: injicio, injeci, injectum, injicere,* inyectar; *projicio, projeci, projectum, projicere,* proyectar; *subjicio, subjeci, subjectum, subjicere, sujetar,* etc.

Ahora bien, *yacer* significa estar tendido, descansar, reposar; *yacimiento,* es el sustantivo, efecto inmediato de la acción de *yacer. Jactarse* es lanzar para sí un juicio favorable y ponderativo : « echársela de lado », refrán mejicano.

Abyectar, de *ab* priv., y *jicere,* por *jacere,* echar, lanzar, desechar lo que es útil al hombre. Los *abyectos* son abandonados á todo lo que á sus intereses atañe, desechando todo y se envilecen.

Adyacente, de *ad,* hacia, y *jacens,* part. de *jacere;* es decir, que está próximo, que permanece cerca de...

Conjeturar es lanzar juicios, fundados en cálculos más ó menos expuestos á ser fallidos. « Hacerse conjeturas » es casi sinónimo de « forjarse ilusiones ».

Inyectar es lanzar entroduciendo un fluido en un cuerpo dado, valiéndose de un instrumento á propósito.

La *interjección* es un grito inarticulado, la más de las veces, que se lanza de lo más interno del alma.

Objeto es cualquier cosa que yace ó está fuera de nosotros y de cuya existencia nos cercioramos por los sentidos ó por las facultades superiores ; el fin de un asunto.

Objetar es lanzar razones ú opiniones que combatan al contrario.

Proyectar es idear, lanzarse por el espacio de la inventiva ó de la fantasía : « hacer proyectos ».

Proyectil, arma arrojadiza que se lanza.

Sujetar, hacer que algo yazga, permanezca en el propio dominio, atar, asegurar.

Sujeto, cualquier persona indeterminada, que vive, que existe, que yace.

Trayectoria es una línea trazada por un cuerpo que ha sido lanzado.

En fin, la raíz *jac,* ó *jec,* encierra la idea de lanzar ó de yacer, primitivas en un sentido frecuentemente traslaticio.

Septuagésimo quinto ejercicio.

La idea de propiedad, la idea de tener se expresa en latín *hab-eo*, *hab-es*, *habi-tum*, *hab-ere*; de aquí se origina el verbo auxiliar español haber, verbo de frecuentísimo uso, y sin cuya conjugación es imposible la conjugación de los demás verbos castellanos. Todos los verbos del idioma español, en sus tiempos compuestos, se conjugan con el auxilio del verbo mencionado. Vamos á estudiar la familia de palabras que procede de la raíz *hab* que, en el sentido gramatical, se denomina letras radicales.

Haber.
Haberes.
Habitar.
Habitador.
Habitante.
Habitación.
Habitable.
Hábito.
Habituar.
Habitual.
Habitualmente.
Deshabitar.
Deshabitación.
Deshabitado, da.
Deshabituar.
Deshabituación.
Inhabitar.
Inhabitación.
Inhabitable.
Inhabitado, da.
Inhábito.
Inhabitual.
Inhabitualidad.
Inhabitualmente.
Hábil.
Habilidad.

Habilidoso, sa.
Habilitar.
Habilitación.
Habilitador, ra.
Habilitado.
Habilitadamente.
Inhabilidad.
Inhabilitación.
Inhábil.
Inhabilitar.
Rehabilitar.
Rehabilitación.
Rehabilitado, da.
Cohabitar.
Cohabitación.
Cohabitador, ra.
Deber.
Débito.
Debido, da.
Debidamente.
Débil.
Debilidad.
Debilmente.
Debilitar-se.
Debilitamiento.
Debilitación.

Indebido, da.
Cohibir.
Cohibición.
Prohibir.
Prohibición.
Prohibido, da,

Prohibitivamente.
Exhibir.
Exhibición.
Exhibido, da.
Exhibidor, ra.
Inhibir.

Habere significa tener, llevar bienes, costumbres, cualidades... algo. *Hábito* se refiere á las costumbres, al vestido: « el hábito de una religiosa », « malos hábitos ».

Habitar es el acto de vivir en unión de los *haberes* de la casa, la cual es *habitación* del hombre.

Habitante es el que *habita*; habituar, adquirir *hábitos* ó costumbres. *Cohabitar* es *habitar* en compañía de una mujer.

Y basta con esto para la completa comprensión de los vocablos precedentes: *hemos* visto la palabra *haber*, significando tener, lo mismo que en inglés *to have*; después la observamos en la acepción de bienes; porque éstos son elementos indispensables para la existencia, *haberes*, que reportan ventajas y cualidades al hombre; y he aquí el por qué de las palabras *hábil* y *habilidad*; y he aquí también la existencia de los vocablos *hábito*, *habitar* y *habitante*. El primero indica la condición que se tiene, por lo que respecta á las costumbres; el segundo á la necesidad de tener para vivir; de tal manera, que éste y habitar se han hecho sinónimos; y, á la postre, se refiere el tercero á que el hombre debe poseer algo, so pena de no llevar el nombre de habitante de la tierra; ¡qué exigencias las de ia civilización! pero, digo mal, ¡qué exigencias las del lenguaje!

Por lo tanto, podemos corroborar lo dicho por respetables filólogos; las palabras están en una exacta correspondencia con las necesidades intelectuales y morales de los hombres.

Pero veamos un hecho palpable, é ignorado por muchos filólogos: *haber* y *deber* tienen una misma etimología... ¿es cierto esto? Comprobemos: El verbo latino *debere*, deber, está formado del pref. *de* por *des*, negativo, y el verbo *habere*, de esta manera: *de-habere*, perdiéndose por aférisis la sílaba *ha*, de *habere*, quedando *debere*, deber, que es un haber negativo, con obligación de dar alguna cosa por haber recibido un favor, una cantidad.

Débil (de *des* y *hábil*) significa sin habilidad, flojo, flaco; *debilidad* es un decaimiento por carencia de habilidad ó fuerzas.

El *haber* y el *deber* es el más y el menos de la existencia, la afirmación ó negación de las cosas.

Cohibir (de *có* é *hibere*, modificación de *habere*) es refrenar lo que se tiene.

Exhibir es, según los jurisconsultos, sacar fuera (ex) lo que se debe ó es necesario en justicia.

Prohibir (de *pro* y *habere* ó *hibere*) significa no haber ó usar alguna cosa.

Septuagésimo sexto ejercicio.

Del pronombre *qui, quœ, quod,* el que, la que, lo que, se han formado dos verbos latinos: *quœro, quœsivi, quœsitum quœrere,* buscar, inquirir, interrogar, y *curo curavi, curatum curare,* cuidar, curar.

Anotamos únicamente las palabras más importantes, derivadas del pronombre y de los verbos predichos.

Cuestión.

Cuestionable.

Cuestionabilidad.

Cuestionar.

Cuestionador, ra.

Cuestor.

Cuestioso, sa.

Incuestionable.

Incuestionablemente.

Adquirir.

Adquisito, ta.

Adquirimiento.

Adquirente.

Adquisidor, ra.

Adquisición.

Conquistar.

Conquista.

Conquistador, ra,

Conquistable.

Inquirir.

Inquisición.

Inquisidor, ra.

Inquisitivo, va.

Inquisitorial.

Requerir.

Requerimiento.

Requiriente.

Requisidor, ra.

Requisito.

Requisitoria.

Reconquistar.

Reconquista.

Curar.

Cura (de un médico).

Cura (sacerdote).

Curato.

Curación.

Curable.

Curabilidad.

Curado, da.

Curadero, ra.

Incurable.

Incurablemente.

Incurabilidad.

Cuita.

Cuidar.

Cuidado.

Cuidable.

Cuidadoso, sa.

Cuidadosamente.

Descuidar.

Descuido.

Descuidado, da.

Curiosidad.

Curioso, sa.

Curiosamente.

Curiosear.

Seguro, ra.

Seguridad.

Seguramente.

Asegurar.

Aseguramiento.

Asegurado, da.

Incuria.

Procurar.

Procuración.

Procurador, ra.

Procurable.

Procurado, da.

Procuraduría.

Hay un verbo memorable por su antigüedad en los códices latinos, que es el verbo *quæsso*, buscar, de donde se forma el verbo *quærere* que significa igualmente investigar, buscar, interrogar. Pero ambos verbos han sido formados del *quis vel quid*, pronombre interrogativo latino, (sánscrito *Kis, Kvais, Ki*). De este *quæsso* se derivan las palabras castellanas *cuestión, cuestionar, cuestionario,* que expresan la razón que se busca y la acción de buscar un conjunto de interrogaciones ó cuestiones.

Inquirir, de *in* y *quærere*, es indagar, buscar minuciosamente algo.

Conquistar, de *con* y *quærere*, es *adquirir*, apropiarse por la fuerza pueblos, reinos, provincias, usurpando los más sagrados derechos de los mismos. La ambición de los fuertes busca ó *conquista* oro, inteligencias, territorios allende los mares, como si esa misma ambición ó egoísmo no pudiera holgarse en sus propios y estrechos límites.

Requerir es presentar la cuestión de las cosas, avisar; es decir, notificar el *quis vel quid* de cualquier asunto.

Requisito es algo necesario al *quid* de un asunto cualquiera.

Asimismo, de este *quærere*, se ha derivado el verbo *curo, curas, curavi, curatum, curare*, que significa *cuidar* lo que se tiene, lo que se ha buscado ó conquistado.

Las *curias* romanas de aquel entonces, como ahora los *curatos* de la iglesia, no han sido sino otras tantas jerarquías que han cuidado sus intereses y hánse *procurado* fuerzas, honores y riquezas en los pueblos.

La palabra *securus*, seguro (del pref. *se* y *curare* cuidar) significó aquello que no podia ser robado, porque estaba *cuidado;* hoy, lo *seguro* es aquello que está conforme con la verdad, la razón y la justicia.

Curar á un enfermo, es *cuidar* la salud del mismo, aunque esta no se le *asegure.*

Procurar es *cuidar* de algo, inquirirlo ó buscarlo : « no he procurado dinero para mis intereses. »

Incuria es descuido, abandono de algo.

Cuita es un cuidado del corazón ó del sentimiento, que necesita comunicarse á una alma generosa.

Hemos relacionado la significación primitiva de las palabras ¿ *qué* ? ¿ qué cosa? *cuestión*, que actualmente conservan la misma primitiva (predominando en la mayor parte de las palabras expuestas en la lista que antecede) con las ideas derivadas de *cuidar, curar, seguridad*, las que están etimológica y filosóficamente en una exacta correspondencia con todas las demás. Todas estas acepciones se han ido desprendiendo sucesivamente por tramos, por avances, por grados, casi indefinidos para el filólogo ; porque las lenguas se forman como dijo el poeta : « ayer como hoy, mañana como ayer, » porque ellas crecen y se elaboran eternamente.

Septuagésimo séptimo ejercicio.

La raíz sánscrita *lubh, libh* ó *lu*, libertar, desligar, desear, querer, entra á formar en casi todos los idiomas modernos un gran caudal de palabras ; en el idioma que estudiamos se halla esta raíz bajo las formas de *lib, lic, liq, lig* y *lu*, llevando cada una de estas formas cualquiera de las significaciones expresadas y engendrando cada una de

ellas un suficiente grupo de voces. La correlación del significado de las palabras que derivamos obedece al sentido
metafórico en que han sido tomadas estas formas primitivas.

Libre.
Libertad.
Libertador, ra.
Libertar.
Liberal.
Liberalmente.
Liberalidad.
Liberticida.
Libertino.
Libertinaje.
Librar.
Librador, ra.
Libramiento
Libranza.
Librante.
Libidinoso, sa.
Libidinosamente.
Libra.
Litro.
Centilitro.
Mililitro.
Deliberar.
Deliberación.
Deliberado, da.
Deliberadamente.
Soltar.
Suelto, ta,
Soltura.
Soluble.
Solubilidad.
Solventar.
Solventación.
Solvente.

Insolvente.
Solución.
Solutivo, va.
Insoluble.
Insolubilidad.
Absolver.
Absolución.
Absuelto, ta.
Absoluto, ta.
Absolutamente.
Absolutismo.
Disolver.
Disolución.
Disoluble.
Disolubilidad.
Disoluto, ta.
Disolvente.
Resolver.
Resolución.
Resolutivo, va.
Resuelto, ta.
Resueltamente.
Resolutorio, ia.
Irresoluto, ta.
Resultar.
Resultado.
Resultante.
Licencia.
Licenciar.
Licenciado.
Licencioso, sa.
Licenciosamente.
Lícito, ta.

Licitamente.

Ilícito, ta.

Ilícitamente.

Licor.

Licorista.

Líquido, da.

Licuar.

Licuación.

Liquidar.

Liquidación.

Liquidante.

Liquidable.

Ligar.

Liga.

Ligadura.

Ligamento.

Ligativo, va.

Liar.

Lio.

Desliar.

Deslío.

Desleir.

Desligar.

Desligación.

Solicitar.

Solicitud.

Solícito, ta.

Solicitación.

Solicitador, ra.

Solicitante.

Coligar-se.

Coligación.

Coligado.

Colisión.

Colicuar.

Colicuación.

Obligar.

Obligación.

Obligado, da.

Obligatorio, ia.

Obligadamente.

Obligativo, va.

Desobligar-se.

Desobligado, da.

Diligencia.

Diligente.

Diligentemente.

Religión.

Religioso, sa.

Religiosamente.

Correligionario, ia.

Irreligioso, sa.

Irreligiosamente.

Leña.

Leño.

Leñoso, sa.

Al presentar, aunque aproximadamente, toda la deriva
ción castellana de la raíz griega *li* ọ *lu*, vamos á recordar
lo que dice A. Regnier á este respecto:

« Esta raíz expresa la idea abstracta y absoluta de desatar, libertar, deliberar.» Para añadir á esta idea principal
y fundamental las ideas accesorias de *acción*, de *acción*
ejecutada por un sujeto de *aptitud*, de *medio* se sufija la
sílaba *lu* con las terminaciones *sis*, *ter*, *licos*, *tron*; de
donde obtenemos las palabras griegas *lusis*, deliberación,
luter, *libertador*; *luticus*, que tienen la propiedad de des-

ligar, *lutron* ó *litron*, *litro*, peso, razón, juicio, latín *pensus*, peso y pensamiento.

No cabe duda que esta raíz *lu* ó *li* que expresa indistintamente las ideas de libertar, destruir, *resolver*, explicar, pagar, se presenta en las lenguas indo-europeas en la forma *lu;* por eso tienen los latinos la palabra *so-lu-tus*, que significa desligado, los ingleses *to loosen*, desligar, desatar. ¿Pero en virtud de qué hechos la raíz *lu* (desligar) llegó á expresar la idea de *deliberar*, pensar, pesar, (litro), destruir, *resolver*, pagar? Vamos á relacionar, aunque de prisa, todas estas acepciones que ha tomado la raíz *lu* en diferentes voces del idioma español.

Si *lu* expresó la idea de desligar, desatar, indudablemente que de ésta se formó la más grandiosa palabra humana, el vocablo *libertad*, facultad con que los humanos seres se constituyen en árbitros de sus actos, individualidad, lo mismo del hombre que de los pueblos, que funciona dentro la esfera de derecho; de aquí: *libre, libertar, liberal, liberalidad, libertino* y *disoluto* son sinónimos en el sentido lógico, moral y singéneo de la filología.

Litron grieg. es *litro*, la unidad de peso del sistema decimal para los líquidos; y, si pesar hemos dicho que es, en virtud de un mito de lenguaje, pesar con la balanza del juicio (pensar), *deliberar* será apreciar los *litros*, las *libras*, en las balanzas del entendimiento; de aquí: *deliberar, deliberación*, etc.

El inglés *to live*, vivir, alemán *leben*, están formados por la raíz *lu, lubh*, sánscrita; porque la *libertad* es la verdadera vida de los pueblos, siendo, por consiguiente, el objeto más deseado de los hombres, como se ve en las palabras *to love*, inglés, amar, y en las castellanas *libidinoso, licencioso, libertino*, adjetivos que expresan el desenfreno del amor.

Dar permiso, *libertar* ó desembarazar á alguno de algo, es darle *licencia;* y de aquí *licenciado* (abogado) *lícito* é *ilícito*.

Los líquidos tienen la propiedad de *desligarse* ó *disolverse* sus moléculas, y por eso llevan este nombre derivado de *lu* ó *lubh*.

Liquidar una cuenta es *librarse* de ella; he aquí la relación lógica aunada al parentesco de la estructura de ambas palabras.

Si la idea de desunir ó desligar se expresó con la raíz-palabra *lu*, con ésta manifiesta el idioma español la idea contraria: *ligar*. Este hecho no causa gran sorpresa á los filólogos: pues amén de que sea ó no exacto el proverbio: « los extremos se tocan », las necesidades eufónicas de la lengua española bien pudieron desechar de la palabra *ligar* alguna partícula ó signo negativo, que en remotos tiempos prefijara á este vocablo.

Obligar es atar, imponer deber ú *obligación*.

La *religión* es una *liga* ó lazo reiterado de la humanidad con Dios.

Lo *soluble* es lo que se puede *desligar* ó *desleir*.

Soltar es desatar, desunir, dar *libertad*.

Solución es el acto de desatar, desligar ó resolver una cuestión; el deslío de algunos cuerpos líquidos.

Solventar es liquidar una cuenta, estar libre de ella.

Absolver á un reo, es darle la libertad, la absolución.

Disolver es *desligar*, desatar, deshacer cualquier nudo ó vínculo.

Disolución, licencia y libertinaje son para la moral como para la etimología, sinónimos.

Disolvente, el que no ha pagado.

Resolver es deliberar acerca de alguna cosa, desligar las dificultades, para que la luz del entendimiento juzgue, *resolviendo* ú desligando todos los intríngulis de las cuestiones, hasta llegar á una resolución ó resultado.

Lo *absoluto* es lo completo, lo que no está desligado.

Leño, del latin *lignus* (de *lu* desligar) porque los leños han sido desligados ó separados del tallo.

Y un mismo tallo, la raíz *lu* ha crecido con ramificaciones casi indefinidas de palabras; sí, un mismo tallo ha reverdecido con nuevos leños en la floresciente extensión del vocabulario de las lenguas; leños ó palabras que esperan, obedientes la del arquitecto, que es la construcción gramatical, para cortarse, combinarse y disponerse, como organismos vivientes que son, y erigir así el sólido edificio del pensamiento, la frase, alcázar glorioso en donde caben todas las bellezas y todos los esplendores del genio.

El vocabulario de una lengua no existe para que duerma el sueño del olvido en las páginas de los diccionarios; porque el lenguaje que en ellos reside, es un taller siempre en acción, en donde están á la mano herramientas, materiales á granel, que son las palabras ávidas de morar en millares de inteligencias.

Septuagésimo octavo ejercicio.

Del latín *bat-uere* esgrimir las armas, lanzar-se, hacer ruido con el trascurso de los siglos como todo desarrollo, como todo progreso que en las lenguas existe siempre acelerado, se ha propagado en el idioma español la siguiente generación de palabras procedentes de la raíz *bat-uere*.

Batallar.	Combate.
Batalla.	Combatiente.
Batallador.	Combatidor.
Batalladura.	Debatir.
Batalloso, sa.	Debate.
Batallón.	Debatiente.
Batería.	Debatible.
Batir.	Rebatir.
Batimiento.	Rebate.
Batidor.	Rebatimiento.
Batiente.	Rebatidor.
Batido, da.	Rebatible.
Bate.	Rebato.
Abatir.	Rebatosamente.
Abatimiento.	Rebatidamente.
Abatido, da.	Arrebatar.
Abatidamente.	Arrebato.
Combatir.	

De *batuere* se han derivado las palabras que preceden; este verbo significa en latín ir á las armas, *batirse;* de aquí la palabra castellana *batalla,* acción ó lucha trabada con dos ejércitos, de donde igualmente proceden los verbos *batallar* y *combatir,* tomando el primero frecuentemente las acepciones de disputar, altercar, cuestionar. *Batalla* y *combate* son sinónimos; *batir* y *batallar* lo son también.

Batirse con una persona es efectuar un duelo, un desafío, en el cual se agitan, se manejan diestramente las armas; por esto es que batir tenga la acepción de dar golpes... en el mortero, etc., de agitar algo.

. *Batería* es la muralla, el fortín en donde se colocan piezas de artillería; y por relaciones de semejanza. por lo que respecta á la colocación, llámase también *batería* á un conjunto de pilas eléctricas.

Abatir es derribar, echar por tierra, como si lo que abate fuera siempre un adversario.

Debatir es disputar con las armas de la razón y de la oratoria; de aquí « los debates de una junta. »

Rebatir, refutar, combatir, ora con armas, ora con los proyectiles de la argumentación, hacer resistencia.

. *Arrebatar,* significó asir, posesionándose del botín del combate; hoy nos *arrebata* la ira, la envidia, el egoísmo, el amor, y hacen posesión de nosotros.

Creemos haber relacionado la significación primitiva de la raíz *bat* de *batuere* con las que tienen las palabras prescritas, formadas por un mismo protoplasma lingüístico; y al remover estas capas del lenguaje, no hacemos sino dar á la palabra la virtualidad que por sí misma tiene, el agente psicológico que posee, por muchos ignorado. .

Septuagésimo nono ejercicio.

Escribir, formar ó figurar letras se dice en latin *scrib-o, scrip-si, scrip-tum, scrib-ere* cuya raíz *scrip* da el sentido ideológico de las voces que anotamos como derivados, obtenidos por composición y derivación. La raíz *scrip* pinta el sonido engendrado por el roce de la pluma ó estilo sobre el papel.

Escribir.	Adscribir.
Escrito.	Adscripción.
Escritura.	Adscripto, ta.
Escritor.	Conscripto.
Escritorio.	Conscriptor.
Escribiente.	Describir.
Escribano.	Descripción.
Escribanía.	Descriptible.
Scripta.	Descriptivo, va.

Descripto, ta.
Indescribible.
Indescriptible.
Indescriptiblemente.
Inscribir.
Inscripción.
Inscriptible.
Inscripto, ta.
Prescribir.
Prescripción.
Prescripto, ta.
Prescriptible.
Proscribir.
Proscripción.
Proscriptor.
Proscripto, ta.
Suscribir.

Suscripción.
Suscriptor, ra.
Suscripto, ta.
Escarbar.
Escarbadero.
Escarbado, da.
Escarpar.
Escarpia.
Escarpado, da.
Escoba.
Escoplo.
Escopladura.
Escoplear.
Escalpelo.
Escultura.
Escultor.
Escultural.

Existe una raíz indo-europea, clasificada por e notable filólogo Lefèbre, en el grupo terciario *scarp* ó *escarb*, que da la idea imitativa de *escarbar*, raspar la tierra, grabar, de donde se derivan las voces castellanas: *escarbar, escarpar, escalpelo, escarpado.*

De esta raíz *scarp*, por una metátesis nos da *scrip*, que forma el verbo *scribere*, cuyos derivados simples y por composición constan en la lista que precede.

Innumerables son los derivados de la raíz *escarp* ó *scarp*, pues ésta, en virtud de las leyes fonéticas ya determinadas por los filólogos, toma las formas *scob*, *sculp*, de donde *esculptura, escoba, escoplo* y otras muchas que no explicamos, por no salirnos de los límites que nos hemos trazado.

Fácil es inferir de lo que hemos dicho, que la escritura primitiva consistia únicamente en trazar ó grabar, escarbando, ya en el suelo, en la piedra, en tablas enceradas ó en cualquiera otra superficie, con el escoplo, con la escarpia, con el estilo ó grafito, con el escalpelo (que tal vez no estaba aún familiarizado con la ciencia de Hipócrates), los signos representativos del pensamiento humano.

Y los que esto hacian en los primitivos tiempos, ¿conocian el bello arte de la *escultura*, de la glíptica, del di-

bujo? ¿ Conocerían una *descripción* literaria, hablarían
con los padres *conscriptos*, quienes viviendo á expensas de
una pública suscripción, han tenido la facultad de *proscribir* á los nocivos ciudadanos de la República, como tienen
derecho de *proscribir* leyes, plazos y contratos?

¡Oh, glorioso verbo, hijo del grito antropoide, del grito
de la materia, del cántico de los sonoros cuerpos!¡tú has
elevado al hombre á un nivel muy superior al de la animalidad!

Octogésimo ejercicio.

Unus en latín significa la unidad. Esta palabra y la jota
ó iota (que es nuestra *i*) usada como prefijo, da *j-un-go,
j-un-gis, j-un-xi, j-unt-um, j-un-gere*, unir. Veamos las
siguientes voces derivadas de *unus* y este verbo latino :

Unir.	Juntura.
Unión.	Juntamiento.
Unidad.	Juntado, da.
Unible.	Juntamente.
Único, ca.	Adjuntar.
Únicamente.	Adjunto, ta.
Unidamente.	Conjuntar.
Unitario, ia.	Conjunción.
Unitariamente.	Conjuntiva.
Unitivo, va.	Conjuntivo, va.
Aunar.	Conjuntivamente.
Aunamiento.	Conjuntura.
Aunador, ra.	Disyuntiva.
Desunir.	Subjuntivo.
Desunión.	Conyugal.
Desunido, da.	Conyugalmente.
Desunidamente.	Cónyuges.
Reunir.	Yugo.
Reunión.	Yuguero.
Reunible.	Ayudante.
Reunido, da.	Ayuntamiento.
Juntar.	Enyugar.

Unificar.	Júpiter.
Unificación.	Junio.
Unificador, ra.	Juno.

Aunque el pueblo griego era eminentemente politeísta, porque tenía un Dios para cada cosa, sin embargo, el criterio filosófico de Atenas enseñaba la idea de un solo Dios, *Zeus.* De este *zeus* se formó el verbo helénico *zeugos*, unión, yugo; porque *Zeus*, Dios, fué y es para los versados en las más encumbradas filosofías, único, solo; de aqui el que de este *zeus* se haya formado el verbo *zeugó*, unir, de donde los latinos parece que inmediatamente derivaron la palabra *jungere*, juntar.

¿Cómo se verefícó que de *zeugos*, unión, se derivara la palabra latina *jugum*, *yugo*? Vamos á probarlo: raiz de *zeugos*, *zeug*; raiz de *jugum*, *jug*.

El sonido de *z*, dice Grim, es el más inmediato al de la *j* latina, que es la *y* española; por lo tanto, ese *zeug* será *jeug*; con la terminación *um* (nominal, neutra, latina) nos dará *jeugum* ó *jugum*, español *yugo*.

Asi es que en la lista anterior, mostramos las voces derivadas del latín *unus*, uno, por la relación que tiene con la griega *zeus*, Dios, que es la infinita universalidad, la sublime unidad. Y por esta paridad de ideas, y por esta semejanza entre las palabras *zeus*, (que forma las latinas *jugum* y *jungere*) y *unus* representación de la unidad para los romanos hemos considerado á ambas en este ejercicio como homónimos que han hecho carne en los idiomas indo-europeos con exhuberantes renuevos de palabras, de las cuales anotamos las más importantes.

Téngase presénte en todo caso, que la raiz filológica de toda palabra es complementada por la raíz filosófica de las incrementaciones.

Octogésimo primero ejercicio.

Ut-or, *us-us*, *uti* en latín es usar alguna cosa, etc. De la raíz de este verbo proceden las voces siguientes:

| Usar. | Usado, da. |
| Uso. | Usadamente. |

Usador, ra.
Usual.
Usualmente.
Usaje.
Usanza.
Usario, ia.
Usualidad.
Inusitado, da.
Inusitadamente.
Abusar.
Abuso.
Abusador, ra.
Abusante.
Abusivo, va.
Abusivamente.
Desusar.
Desuso.

Usufructo.
Usura.
Usurero.
Usurpar.
Usurpador.
Usurpación.
Utensilio.
Utilidad.
Útil.
Utilizar.
Utilización.
Utilmente.
Inutilizar.
Inutilización.
Inutilidad.
Inútil.
Inútilmente.

Usar es servirse de alguna cosa por la utilidad que tiene; gozar de ella poseyéndola.

Útil es lo provechoso ó ventajoso de las cosas que existen para el uso del hombre.

Abuso es el mal uso ó empleo de alguna cosa, traspasando los límites de las atribuciones de cada uno.

Usurpar es hacer uso, apoderándose de algo que no es suyo, por la fuerza ó por la astucia.

Inusitado y *desusado* son sinónimos.

Es conveniente que el uso existente de indeterminado número de cosas, nos proporcione siempre *utilidad*, y que nuestra ambición, aunque sea legítima, no llegue nunca al abuso de las mismas, porque sería usurpar los derechos y atribuciones de los demás, á no ser que tuviera á gala el que nos llamase el materialismo social, hombres *útiles*, mientras que la razón y la justicia nos aparta hacia el lugar de los *usureros* y de los *usurpadores*.

Octogésimo segundo ejercicio.

Pol-us en griego significa ciudad, muchedumbre de personas, tiene la misma raíz que *pol-is* (gr.), mucho; de esta raíz *pol* y el sufijo latino *pullus* (pequeño) se formó la palabra latina *po-pullus*, pueblo, suprimiéndose la *l* de *pol* por eufonía.

Pasemos á conocer la derivación principal de *pol-us*, ciudad y de *po-pulus*, pueblo.

Policía.
Política.
Políticamente.
Póliza.
Polizonte.
Pública.
Público, ca.
Publicata.
Publicar.
Publicación.
Publicador.
Publicable.
Publicablemente.
Publicano.
Publicista.
Publicismo.
Publicidad.
Inpublicable.
Pueblo.
Población.
Poblar.
Poblado.
Poblador.
Poblacho.
Poblazo.
Poblable.

Popular.
Popularmente.
Impopular.
Impopularmente.
Popularizar.
Población.
Popularidad.
Popularismo.
Popularizable.
Populoso, sa.
Populacho.
Populachero, ro.
Populacheria.
República.
Repúblico.
Republicano, na.
Republicanismo.
Republicanizar.
Antirrepublicano.
Antirrepublicanismo.
Despoblar.
Despopularizar.
Despopularizador.
Despoblador.
Despoblado, da.

Policía es el reglamento para la mayor seguridad y gobierno de los pueblos, de los Estados, de las Repúblicas.

Política es la ciencia gubernativa de los pueblos.

Pueblo por autonomasia es la gran familia humana, cualquiera población, ciudad, aldea, lugar que tenga habitantes; de aquí poblar, establecerse gente en un lugar.

Publicar, poner en conocimiento de *pueblo* un hecho, una noticia; dar á luz pública una obra,

República, etimológicamente es la cosa pública (*res*, cosa y *publica*), ley ó autoridad del pueblo, sin sujeción á reyes ni á tiranos; el triunfo de la democracia.

Polus ó *polis*, en griego, ciudad, pueblo, se relaciona con la raíz *pl*, ya estudiada, que da la idea de extensión ó multitud; por eso el pseudo-prefijo de muchas voces técnicas es *poli*, que da la idea de mucho, v. gr.: *poliedro*, muchas caras, *polisilabo*, muchas sílabas.

Octogésimo tercero ejercicio.

Alma, existencia, mente, se dice en latín *anima*, probablemente derivado de la raíz *nam*, existir, pensar, ya mencionado; según otros, *anima* se deriva del griego *anemos*, viento, porque el alma como el espíritu fué para los fetiquistas un soplo (de *spaó*, soplar); pero para nuestro ejercicio basta saber que *anima* en latín es alma, á cuya etimología pertenecen las voces siguientes:

Anima.	Inanimado, da.
Animo.	Reanimar.
Animar.	Reanimación.
Animación.	Reanimado, da.
Animado, da.	Reanimable.
Animoso, sa.	Exánime.
Animosidad.	Exanimación.
Anémico, ca.	Unánime.
Animal.	Unanimidad.
Animalidad.	Unánimamente.
Animalazo.	Alma.
Animalizar.	Almo, ma.
Animalización.	Desalmado, da.
Animáculo.	Alimentar.
Desanimar.	Alimentación.
Desánimo.	Alimento.
Desanimado, da.	Alimentoso, sa.
Desanimadamente.	Alimenticio, ia.
Inánime.	Magnánimo.
Inanimación.	Magnanimidad.

11.

La palabra *anima*, lat. alma, que es el alfa de lo eterno, el vocablo másgrandioso de la humana filosofía, tiene sus radicales en el sánscrito *an* que expresó la idea de respirar, de donde los griegos tomaron la palabra *anemos*, viento.

En el espíritu, en el ánimo, veian los latinos un soplo, un viento sutil, algo de una sustancia inmaterial encarnado en el deleznable *humus*, barrio, tierra, hombre. Pero los griegos tenían una idea más elevada del hombre, lo llamaron *anthropos*, de *anher*, hombre y *ops*, vista, es decir: el hombre que ve, que observa y reflexiona acerca de toda la inmensidad del cosmos, como en todo el horizonte de su inteligencia.

Hechas estas breves advertencias, fácil es comprender que del anima vengan las voces: *animar, animal, animación, ánimo, unanimidad, reanimar*, etc.

Octogésimo cuarto ejercicio.

El verbo latino *put-o, put-as, put-are*, que significa podar, separar lo inútil, juzgar, ha sido formado de la raíz *put*, juicio, examen, raíz que existe en las palabras adscriptas, cuya significación permanece las más veces alterada y modificada en virtud de las leyes tropológicas, amén de la variación natural de los respectivos prefijos y sufijos que por composición llevan muchas palabras.

Putativo, va.	Diputación.
Amputar.	Diputado.
Amputación.	Diputante.
Amputador, ra.	Diputable.
Amputable.	Exdiputado.
Computar.	Disputar.
Computación.	Disputa.
Cómputo.	Disputable.
Computador, ra.	Disputablemente.
Computista.	Indisputable.
Computable.	Indisputablemente.
Computadamente.	Imputar.
Diputar.	Imputación.

Imputador, ra.	Reputado, da.
Imputable.	Reputable.
Imputativo, va.	Reputativo, va.
Reputar.	Reputante.
Reputación.	Irreputable.

Amputar es separar del cuerpo un miembro ó una parte saliente; fíjese el lector que para juzgar ó discernir, hay necesidad de separar las partes de un todo (*cernere*) como se separa con la criba la harina del salvado, como con la criba del entendimiento ó criterio lo bueno de lo malo.

El verbo *putare* es sinónimo de *cernere*, y por eso es que tiene como éste derivados sinónimos: la idea de separar se manifiesta en criba y *amputación*.

Computar es hacer cálculos, para lo cual se necesita *putatio* (juicio.)

Diputado es aquel quien, favorecido por el sufragio, representa al pueblo y delibera ó juzga (*putat*) los intereses del mismo en las asambleas públicas.

Disputar es cuestionar, discutir, defendiendo una opinión.

La *disputa* debe ser etimológicamente un debate sostenido con las armas del criterio (*putatio*).

Imputar es atribuir á alguno una acción digna de castigo ó vituperio, juzgar culpable á alguno.

Reputar es juzgar ú opinar las personas ó las cosas; la *reputación* es el concepto ú opinión de las personas, fama ó crédito de las mismas, según sus acciones.

Es curiosa la raíz *put*, pues procede de *putus* ó *purus*, limpio, que más adelante estudiaremos.

La *reputación*, según la etimología, debe de ser limpia ó pura, como la calidad de los metales, que el mismo juzga ó reputa.

Octogésimo quinto ejercicio.

El sánscrito *pita*, padre, que da la idea de alimentar ó proteger, y el mismo *mata*, madre (idea de crear), son verdaderos sonidos infantiles, comunes en todas las razas; ellos designan en muchos derivados indo-europeos las ideas típicas de *proteger* ó *alimentar* y *criar*. La filiación singénea de latín *pater* y *mater* es la siguiente:

Papá (fam.)
Papa (pontífice).
Padre.
Padrino.
Padrón.
Padrastro.
Compadre.
Compadrazgo.
Pariente.
Parentela.
Parental.
Parentesco.
Paternal.
Paternidad.
Paterno, na.
Parricida.
Parricidio.
Patria.
Patriarca.
Patriarcal.
Patrio, ia.
Patrón.
Patrona.
Patronazgo.
Patronar.
Patrocinar.
Patrocinio.
Patrocinador, ra.
Patrocinado, da.
Patriota.
Patriótico, ca.
Patrióticamente.
Patriotismo.
Patrimonio.
Patrimonial.

Patrimonialidad.
Apadrinar.
Apadrinamiento.
Apadrinador.
Empadronar.
Empadronador, ra.
Empadronamiento.
Expatriar-se.
Expatriación.
Expatriado, da.
Mamá.
Madre.
Madrasta.
Madrina.
Madriguera.
Madama.
Mamar.
Mamas.
Mamella.
Matrona.
Materno, na.
Maternal.
Maternidad.
Matrimonio.
Matrimonial.
Materia.
Material.
Materialismo.
Materialista.
Materialmente.
Materialiar-se.
Materialización.
Matricida.
Matricidio.
Matriz.

Matraz.

Matrícula.

Matricular.

Comadre.

Comadrazgo.

Madera.

Madero.

Maderista.

Inmaterial.

Inmaterialismo.

Inmaterialista.

Metropóli.

Metropolitano.

Las palabras más sagradas de la familia, que encierran todo un poema de ternura, porque son las que fervorosas hemos balbuciado por vez primera desde la cuna, al poner en comunicación de los autores de nuestra existencia el mundo de nuestros vivos, aunque embrionarios afectos, son: *papá, mamá*, que naturalmente se desprenden de nuestros labios por la habida afinidad entre las consonantes *p* y *m*.

¿La emisión de estas consonantes que el niño acompaña con la vocal *a*, repitiendo la sílaba, constituye la verdadera etimología de estas palabras? Claro está, pues hay que convenir que el hombre salió de la materia como la palabra salió del primer vagido del engendro. La onomatopeya es el origen de todas las lenguas. Y á fuer de etimologistas, admitiendo la teoría de la evolución de las palabras, asentimos que á estas primitivas articulaciones del niño: *papá, mamá*, hubo necesidad de imponerles una significación tan natural, tan propia, que viniera á representar y á ser el nombre de los autores del recién nacido. De este papá y mamá se crearon los vocablos *pater, mater, padre, madre*, el primero expresando la idea de proteger ó alimentar, el segundo una acepción de amor ó de afecto, lo que demuestra que al *padre* incumbía el sostenimiento de la familia, y á la *madre* la conservación de las primeras enseñanzas de la moral y del amor hacia la familia.

El estudio de las raíces indo-europeas nos conduce al conocimiento etnológico de los pueblos; pues la filología, en medio de la umbría noche de la tradición, ha encontrado la historia de la raza blanca (los arias) tan privilegiada en hermosura como fecunda en inteligencia.

Y los que por vez primera dijeron *padre* y *madre*, ¿entenderían el *patriotismo*, defenderían á la *patria*, conocerían el censo ó el empadronamiento?

Octogésimo sexto ejercicio.

De la raíz sánscrita *pik*, idea de *picar*, se engendraron los vocablos latinos *punctum*, punto, y el verbo *pun-go*, *pun-gis*, *pupugi*, *pun-ctum*, *pun-gere*, picar ó pinchar. Muchos son los derivados de esta raíz, pero los que en seguida anotamos son los más principales.

Punto.
Punta.
Puntable.
Puntación.
Puntador, ra.
Puntar.
Puntal.
Puntoso, sa.
Puntear.
Puntera.
Punteadura.
Puntero.
Puntería.
Punteado, da.
Puntuar.
Puntuación.
Puntuable.
Puntuado, da.
Puntual.
Puntualmente.
Puntualidad.
Puntualiazar.
Puatualización.
Puntillo.
Puntilloso, sa.
Puntiagudo, da.
Apuntar.
Apuntación.

Apuntador, ra.
Apuntado, da.
Apunto.
Apuntalar.
Despuntar.
Despunto.
Despuntado, ra.
Púa.
Punzada.
Punzar.
Punzón.
Punzador, ra.
Punzable.
Pungir.
Compungir.
Compunción.
Compungido, da.
Pinchar.
Pinzas.
Pinchazo.
Pinchado, da.
Picar.
Picazón.
Empicar.
Empicado, da.
Repicar.
Repique.

El *punctum* latino, punto, que tiene tantas acepciones,

significó *piquete* ó *pinchazo* dado con una púa ó instrumento puntiagudo; esta palabra *punctum* procede del verbo *pungere*, pinchar, y el verbo *pungere* de la raíz sánscrita *pik*, que Barcia con admirable ingenio considera el canto armonioso *pi, pi,* que los pájaros vierten por el *pico,* alegrando los amenos valles y las feraces forestas; la palabra *pico* procede del *pi, pi,* y del órgano *pico* se derivan *picar, picazón, picadillo, repicar,* etc.

Pero no es nuestro ánimo referir lo que Barcia deleitando enseña; él ha columbrado el origen de estas voces por muy diversos senderos que los nuestros, sin pasarle por las mientes que el *punctum,* el *puncto,* la *púa* y el punzón se derivan de *pik,* raíz sánscrita secundaria, de donde son oriundos *pico* y *picar* que requieren lógicas explicaciones para llegar á aseverar que estas provienen del onomatopéyico pí, pí. Anotamos en la lista anterior pocas voces derivadas por Barcia, aunque estas sean singéneas de la raíz sánscrita *pik.*

Pero como quiera que sea, él ha iniciado la empresa, nosotros casi la completamos ; y al decir esto, perdónesenos muchas faltas, que no nos gusta lustrarnos con el barniz de la petulancia, el que goza de gran demanda en estos buenos tiempos de glorioso quijotismo científico.

Por lo demás conviene que el lector no olvide las ideas tropológicas de *punctum;* porque hay *puntos* de ortografía, como *puntos* en las líneas geométricas ; *puntos* científicos como *puntos* que son el momento ú ocasión oportuna de algo; *puntos* que son lugares, como *puntillos* de honra, que son punzadas de orgullo.

Estas acepciones podrán tener muchas de las voces expresadas en la lista anterior, siendo la primitiva la idea de *picar* ó *pinchar.*

Octogésimo séptimo ejercicio.

De la raíz indo-europea *sak* se formaron las palabras latinas *secundus* segundo, y el verbo *sequor, sequiris, secutus, sequ-i,* seguir, venir después. La raíz primitiva *sak* en el idioma español toma las formas : *sec, seg, sig, jec* y *soc* (*soc-ius* socio), que encierran la idea constante de seguir, como se ve en los derivados siguientes:

Seguir.
Seguida.
Siguiente.
Seguido, da.
Seguimiento.
Séquito.
Segundo, da.
Secundar.
Secundario, ia.
Secundariamente.
Según (adv.)
Secta.
Sectario, ia.
Secuaz.
Secuacidad.
Asequible.
Conseguir.
Conseguido, da.
Conseguidor, ra.
Conseguimiento.
Consiguiente.
Consecusión.
Consecuencia.
Consecuentar.
Consecuente.
Consecuentemente.
Consecutivo, va.
Consecutivamente.
Inconsecuente.
Inconsecuencia.

Ejecutar.
Ejecución.
Ejecutivo.
Ejecutoria.
Ejecutor, ra.
Obsequiar.
Obsequio.
Obsequioso, sa.
Perseguir.
Persecución.
Perseguidor, ra.
Proseguir.
Prosecución.
Socio, ia.
Sociedad.
Social.
Socialmente.
Sociable.
Sociabilidad.
Socialismo.
Socialista.
Insocial.
Insociable,
Insociabilidad.
Antisoclal.
Asociar-se.
Asociado, da.
Consocio, ia.
Desasociar-se.
Desasociación.

Sequi es en latín *seguir*, ir detrás, ir en pos de alguna persona ó de alguna cosa; con los prefijos *con, per* y *pro* se forman los verbos *conseguir, perseguir, proseguir* y sus inmediatos derivados.

Lo que *sigue* á lo primero es lo *segundo*, como lo que se sigue de una proposición, de un hecho, de un suceso, es la *consecuencia* de éstos, que es su resultado lógico.

Un *secuaz* es un *sectario* porque sigue y mantiene las doctrinas de una *secta* ó *sociedad*.

Sociedad se llama á un conjunto cualquiera de racionales que *siguen* (he aquí el origen del vocablo subrayado) unas mismas leyes, costumbres, maneras, viviendo normalmente unidas por la tradición de la moral y del derecho.

Obsequiar es cortejar ó servir á una persona, siendo con ella *consecuente*, á fin de agradarle.

Ejecutar expresa que de una cosa resuelta, debe *seguirse* el hecho de la misma, es decir, á su *ejecución*, que es la *consecuencia* inmediata de la resolución.

La existencia es una consecuencia de hechos, de fenómenos que se desenvuelven en los seres vivientes.

La experiencia ha demostrado que los pueblos, del mal han *seguido* al bien, del error á la verdad, del crimen á la virtud, de la ingratitud á la razón, del odio al amor, de la ofensa al perdón, de la barbárie á la cultura, después de tremendas luchas, después de terribles explosiones, del ánimo desenfrenado, luchas que han traído por gloriosa *consecuencia* el reinado de la razón y de la justicia.

Octogésimo octavo ejercicio.

Del latín *causa* se originan las voces siguientes :

Causa.	Acusable.
Causar.	Acusado, da.
Causador, ra.	Acusativo (gram).
Causal.	Acuse.
Causalidad.	Concusión.
Causante.	Inconcuso, sa.
Encausar.	Inconcusamente.
Encausado, da.	Excusar.
Desencausar.	Excusa.
Desencausado, da.	Excusado, da.
Cosa.	Excusador, ra.
Acusar.	Excusado (sust).
Acusación.	Excusable.
Acusador, ra.	Inexcusable.

Inexcusablemente.   Recusante.
Recusar.   Recusable.
Recusación.   Irrecusable.
Recusador, ra.   Irrecusablemente.

La *causa* es aquello que produce un efecto, lo que da un resultado, principio, motivo, relación.

Encausar es formar causa judicial á alguno.

Acusar, denunciar ante la autoridad judicial la acción punible de alguno, esta es la *causa* de la *acusación*.

Excusar es exponer *causas* ó razones para eximirse de una culpa que á uno se le imputa.

Concusión es una acción punible, ejecutada por un funcionario público con abuso de autoridad.

Recusar es desechar alguna *cosa*, no admitiéndola por alguna *causa*.

El estudio de las raíces, el conocimiento de las acepciones de las palabras derivadas de aquéllas, nos han demostrado en este, como en los anteriores ejercicios, de qué manera el lenguaje, yaciendo en torno de un ambiente glacial y entenebrecido ha abierto ahora sus anales, mostrándonos las leyes de su desenvolvimiento y sus orígenes en las raíces indo-europeas.

Octogésimo nono ejercicio.

La raíz *bha* ó *pha* que encierra la idea de brillar, esclarecer, hablar, al unirse con las desinencias verbales griegas *mi, ti, te, nti, os, mes, nos,* da las formas: *phami, phati, phate, phánti, phaos* ó *phos,* luz, *phames, phanos.* Con desinencias latinas nos da : *fari, fatum, fama, famosus, fabula, fabulari, fantasia, fantasma.*

De ambas formas griegas y latinas, existen en el español numerosos derivados simples y por composición, de los cuales exponemos los más importantes :

Idea de hablar ó decir.

Fábula.
Fabulista.
Fabuloso, sa.
Fabulosamente.
Confabular.
Confabulación.
Fama.
Famoso, sa.
Afamar.
Afamado, da.
Difamar.
Difamación.
Infame.
Infamia.
Infamemente.
Hablar (lat. fabulari).
Habla.
Hablador, ra,
Habladuría.
Hablado, da.
Frase.
Fraseolagía.
Parafrasis.
Nefando, da.
Fastos.

Idea de luz ó de imagen.

Fanal.
Faro.
Farol.
Farolero, ra.
Fase.
Fatuo, ua.
Fatuidad.
Fatuamente.
Fastúoso, sa.
Fastuosidad.
Fausto, ta.
Infausto, ta.
Fanático, ca.
Fanatismo.
Fanáticamente.
Fanatizar.
Fantasma.
Fantasia.
Fantástico, ca.
Fantásticamente.
Fantasmagoria.
Fantasear.
Fenómeno.
Fenomenal.
Fotografía.
Fotóscopo.
Fotologia.
Fósforo.
Fosforado.
Fosfato.

La raíz *pha* con la cual se forman en griego las palabras *phasis*, fase, acción de mostrar algo, para lo cual se necesita la luz, dió origen á crear en el idioma de Homero las palabras *phantazó*, fantasear, ver imágenes, *faneros*, brillante, *phazó*, fascinar, *phantasma*, visión y *pharó*, hablar.

La idea de luz, de brillo, persistiendo en la raíz de las palabras adscritas, ha tomado acepciones metafóricas al expresar hechos ó relaciones propios del dominio intelectual ó moral de los pueblos.

Con el signo de luz expresamos la idea de *hablar*, y ¿ por qué ?... porque la facultad de *hablar* exige una manifestación fiel de las ideas, y siendo manifestación, no podría percibirse ésta sin la luz, sin el *photos* ó *phósforo* de la inteligencia; así es que donde no hay *frase*, no existe tampoco la facultad de *hablar*, porque la inteligencia no podría percibir la luz de la *frase*, que es el edificio arquitectónico de las ideas.

Un fatuo es para sí mismo un farolón, aunque para los otros sea simplemente un inocente alucinado acreedor al más sensato desprecio.

El *fausto* de la riqueza es tan necio, como necia es la *fantasía* de los *fanáticos* que observan el *fenómeno* de la metempsicosis de la Divinidad en los encargados del culto de los templos, cuando estos toman asiento en los confesonarios.

Hemos encerrado en dos llaves las palabras que derivamos de la raíz *bha* ó *pha*; en la primera está el grupo de voces que expresan con mayor insistencia la idea de *hablar* ó decir; en la segunda, las que connotan las ideas de luz, aparición ó visión.

Nonagésimo ejercicio.

Al coger la pluma el distinguido filólogo español Roque Barcia, quien en sus capítulos de la *Formación de la lengua española*, (como ingenuamente lo confiesa el insigne gramático Diaz Rubio) se deja arrastrar por peregrinas ideas etimológicas, propias de un soñador de gran inteligencia, olvidando frecuentemente la severa lógica en muchas de sus deducciones, nos presenta en la obra mencionada diez y siete raíces singéneas del griego *pur* (fuego) que sirven para la derivación de más de 800 palabras simples y compuestas. No acertamos á comprender el por qué de esta consanguinidad y filiación entre el griego *pur* con palabras como *arder, forma, asar, rostir, norma, fors,* tienen su propio origen, siendo para nosotros utópico el pretender dar probanza, tanto de las relaciones que entre sí tengan todas estas voces, con la raíz *pur*, por lo que respecta á su genuina significación, como del cambio de letras radicales, que muy rara vez es arbitrario.

Dejando á un lado el indiscutible mérito de tan ilustre filólogo, á veces echa en saco roto los más fundamentales principios del fonetismo de las lenguas, casi eximiéndose del todo de este importante ramo de la ciencia filológica; pues los elementos más simples, las raíces se construyen y se combinan en virtud de múltiples leyes de las cuales Bopp, P. Regneaud, Shleicher, Grim, Lefebre, Meyer y Whitney han descubierto, al observar ese arte misterioso de relación, enlace y casi fundición de letras, de donde resulta el vocablo, vitalidad sublime de la idea.

Al término ya de nuestro viaje, que lo hemos emprendido como si caminásemos por enemigas regiones, porque la voz de nuestra insuficiencia nos impele á acelerar la marcha al través del lenguaje, sin observar en toda su plenitud la extensión de esas grandes creaciones que las raíces han esparcido (para que fructifiquen de generación en generación, recogiendo de estas algo de su espíritu, de su temporalización, de su carácter) en los yermos campos del mudo pensamiento; vamos á hacer punto redondo, con el breve estudio de la raíz *pur*, y concédasenos la excusa de no haber hecho, como quisiéramos, un análisis más detenido acerca de estas hermosas elaboraciones de la lengua; porque aunque la índole de nuestro trabajo lo requiera, nuestro propósito ha sido llenar, lo más brevemente posible, el vacío que deploramos día á día, consistente en la notable carencia de un vocabulario, en cuyo estudio se manifiesta el espíritu, la esencia viva de las razas y las lenguas.

Los inmediatos derivados de *pur*, simples y compuestos, son:

Puro, ra.	Purgar.
Pureza,	Purga.
Puridad.	Purgatorio.
Purificar.	Purgante.
Purificación.	Puagativo, va.
Purificable.	Pira.
Purificador, ra,	Pirita.
Purificativo, va	Pirámide.

Piramidal.	Compurgación.
Pirata.	Depurar.
Piratería.	Depuración.
Pirómetro.	Depurable.
Piromancia.	Depurablemente.
Pirotecnia.	Expúreo.
Piropo.	Empíreo.
Pirineos (montes).	Empírico, ca.
Prieto, ta.	Empíricamente.
Prurito.	Impuro, ra.
Apurar.	Impureza.
Apuración.	Impuramente.
Apuro.	Espiral.
Apurado, da.	Expurgar.
Apuradamente.	Expurgación.
Compurgar.	Expurgado, da.

Téngase presente que el fuego limpia los cuerpos, los *purifica;* de aquí esta palabra.

El *empíreo* es lo región del fuego, de los soles que cintilan en el firmamento.

Pirineos, llevan este nombre, según refiere Diodoro de Sicilia, por haber incendiado unos pastores las malezas ó bosques de esas montañas.

Apurar es venir á lo *puro,* á lo esencial ó necesario de algo.

Pirámide, porque es semejante á la llama de la *pira* del fuego.

El *purgatorio* es un supuesto lugar, en donde las almas de los cristianos se purifican de las leves faltas cometidas en este mundo.

Piropo es un amoroso requiebro ó galantería tan ardiente como el afecto que lo dicta.

* * *

No obstante que el conspicuo P. Regneaud relaciona la raíz *pur* con la de *bha* ó *pha,* que da la idea de brillar, y con otras veinte formas más (*sphur, gars, Kar,* etc.) que aunque se alejan del tipo fonético, dan lugar al nacimiento

de una numerosa familia de voces, estando todas relacio-
nadas á la impresión de brillar ó quemar, nosotros vamos
á tomar de la raiz *bha* ó *bhar*, los verbos latinos *fur-o*,
fur-is, *fur-ere*, furioso, y *ferv-eo*, *ferv-is*, *ferv-ere* hervir,
así como los nombres *fur-nus* y *focus*, horno y fuego, con
el objeto de amplificar en algo el tema en cuestión, sin-
tiendo profundamente la imposibilidad de darle todo el interés y atención que él merece.

Los derivados de la raiz *bha* ó *pha* con las formas de las
palabras latinas expresadas, son:

Furia.	Hornero, ra,
Furioso, sa.	Hornería.
Furiosamente.	Hornaje,
Furibundo, da.	Ahogar.
Furor.	Ahogo.
Furgón,	Ahogado, da.
Furtivo, va.	Ahogadero.
Furtivamente.	Desahogar-se.
Enfurecer-s.	Desahogado, da.
Enfurecimiento.	Desahogadamente.
Fnfurecido, da.	Fuego.
Fervor.	Fogoso, so·
Ferviente,	Fogosamente.
Fervientemente.	Fogosidad.
Fervoroso, sa.	Fogón.
Fiebre.	Fogata.
Febril.	Foco.
Febricitante.	Afocar.
Hervir.	Afocado, da.
Hervor.	Sofocar.
Hirviente.	Sofocamiento.
Hervidero.	Sofocación.
Hervimienfo.	Sofocante.
Rehervir.	Sofocado, da.
Hogar.	Sofocable,
Hoguera.	Sahornar-ze.
Hogaza.	Sahorno.
Horno.	

* *

En ninguno de nuestros anteriores ejercicios hemos hablado de la existencia de dos diferentes clases de raíces indo-europeas, que es de rigor no olvidarlas: las pronominales y las verbales; á las primeras corresponden los pronombres, la mayor parte de las preposiciones, las conjunciones y los sufijos; á las segundas todos los sustantivos, adjetivos, verbos y la mayor parte de los adverbios.

La raíz pronominal no es un nombre, ni un verbo, sino una emisión fonética, análogo al monosílabo chino, que especifica indistintamente una clase misma de cosas, de seres, de fenómenos, ó bien un estado, una acción del sujeto ó del complemento.

Toda raíz compuesta de más de una sílaba es derivada, según Max Müller.

La clasificación de las raíces hecha por los más eminentes filólogos, es la siguiente:

Primarias, secundarias y terciarias.

Primarias, de que nos hemos ocupado, se componen: 1.º de una vocal (no tenemos ninguna derivación) como *I* idea de ir; 2.º de una vocal y de una consonante: *ag* de *agô*, conducir, llevar; 3.º de una consonante y de una vocal ó de una semivocal y consonante: *lu* desligar, *da* dar, *pa*, *ma*, proteger, nutrir (padre y madre), *bha* ó *pha* brillar, hablar.

Secundarias, que son materia de este libro: 1.º de una consonante, de una vocal y de otra consonante: *luk*, luz, *duk* ó *dux*, llevar ó jefe, *gan*, engendrar, *man*, pensar, *vid* ó *vis*, ver; 2.º de dos consonantes y de una vocal larga: *mna*, recordar (singénea de *man* pensar), *gna*, conocer (singénea de *gan* engendrar) *plu* ó *flu*, correr, *pla*, plano, *sta*, estar; 3.º de una vocal y dos consonantes: *ard*, herir, que no estudiamos.

Terciarias que son, como las anteriores, materia de este libro; 1.º de dos consonantes, una vocal y una consonante: *spak*, mirar, *vart*, verter ó voltear; 2.º de dos consonantes, una vocal y otras dos consonantes: *scalp* ó *scarp*, grabar ó escribir.

*
* *

Quien investiga las lenguas desde el monosilabismo á la aglutinación, desde la aglutinación hasta la edad flexional, y de esta hasta llegar al período analítico moderno, ha encerrado en un círculo completo el lenguaje ; de la misma manera que el naturalista al inquirir capa por capa, de depósito en depósito, el origen de la animalidad establece tipos, clases, órdenes, grupos que la completen y la encierren. Y si éste, al encontrar en su trabajo de selección y clasificación vacíos, lagunas, entre la gradación ascendente ó descendiente del reino animal, se vale de individuos diversos que sirvan de eslabón por la complicación ó simplificación de sus órganos, entre una clase y un orden, entre un orden y una familia ; el lingüista tiene también cuidado de llenar esos vacíos que existen entre el monosilabismo y la glutinación, entre la flexión y el analitismo, con lenguas más ó menos atrasadas, más ó menos adelantadas, según su revolución histórica ; de cuyo estudio se ha inferido que la ciencia del lenguaje no es solamente una ciencia histórica sino que, más propiamente se le debe llamar, porque lo es, una ciencia antropológica y etnográfica.

Printed in the USA
CPSIA information can be obtained
at www.ICGtesting.com
CBHW081201240424
7451CB00003BA/22

9 781016 827478